꿈의 포트폴리오

초등학생 때부터
입학사정관제 준비하기

초등학생 때부터 **입학사정관제** 준비하기

꿈의 포트폴리오

1판 1쇄 발행 2010년 5월 1일
1판 2쇄 발행 2010년 6월 25일

글 박성철 **그림** 유영근
발행인 오형석
편집책임 이인옥 **편집진행** 서지연, 서유경
디자인책임 이현주 **디자인진행** 권은숙
제작책임 이유근 **제작진행** 고강석
펴낸곳 (주)계림북스 **등록** 제300-2007-55호(2000. 5. 22)
주소 서울시 종로구 평동 13-68
전화 (02)739-0121(대표) **팩스** (02)722-7035
홈페이지 www.kyelimbook.com

이 책에 실린 글과 그림의 무단전재나 복제를 금합니다.
ⓒ 박성철 2010

ISBN 978-89-533-1322-4 73810

꿈의 포트폴리오

초등학생 때부터
입학사정관제 준비하기

글 박성철 | 그림 유영근

계림북스
kyelimbooks

차례

추천사
입학사정관제 준비는 꿈을 구체화시키는 작업 • 6

작가의 말
비전을 가지면 꿈을 현실로 이룰 수 있어요 • 10

나도 언니처럼 되고 싶어 ···13

입학사정관제 준비 1 : **자신을 파악하라**
꿈을 찾은 미리 언니의 이야기 ···28

입학사정관제 준비 2 : 다양한 경험으로 **목표를 정하라**
진로를 찾아라 ···48

입학사정관제 준비 3 : **목표**를 향한 **노력**
포트폴리오의 달인 ···66

입학사정관제 준비 4 : 타인을 **배려**하는 **법**을 **배워라**
봉사 활동의 달인 ···90

입학사정관제 준비 5 : 나를 어떻게 **알릴까**
표현의 달인 ···110

입학사정관제 준비 6 : **리더**가 **되는 법**
전교 부회장 도전, 리더십을 배우다 ···126

전략적 **준비**의 **힘** ···145

 추천사

입학사정관제 준비는
꿈을 구체화시키는 작업

사람의 특성은 천차만별입니다.

그림을 기가 막히게 잘 그리는 학생도 있고, 공부를 정말 잘하는 학생도 있습니다. 사람들 앞에서 부끄럼 없이 춤을 추거나 노래를 잘 부르는 끼 많은 학생도 있고, 망가진 기계만 보면 수리하고 싶어서 손가락이 근질거린다는 학생도 있지요. 이렇게 우리 모두는 각각 남들과 차별화되는 개성이 있고, 소질을 가지고 있습니다.

지금까지는 '성적'이라는 그늘 아래에 이러한 타고난 능력들이 평가를 받기 어려웠습니다. 국영수 시험 성적만으로 좋은 학교에 진학하고, 가능성을 인정받는 입시 제도는 창의적인 인재를 필요로 하는 현대 시대에 걸맞지 않습니다.

입학사정관제는 이러한 시대적인 요구에 의해 만들어진 입시 제도입니다.

곰곰이 생각해 보세요.

'나는 무엇을 잘할까?', '무엇을 하고 싶을까?' 떠오르는 생각이 있나요?

자신이 현재 무엇을 잘하는지, 그리고 무엇을 하고 싶은지, 평소에 어떤 사람

을 보면 존경스럽고 부러웠는지에 대해 생각해 보고 정리해 보세요.

작년에 건국대학교 상경대학에 합격한 김은솔 학생의 사례를 얘기해 줄게요.

은솔이는 부산 출신인데, 재학 시절 학교 성적은 중간 정도였습니다. 지방의 학교에서 중간 정도의 성적이라면 서울권의 4년제 대학에 진학하기는 어려운 성적이랍니다. '성적'만으로 평가를 한다면 말이지요.

은솔이는 성적은 중위권이지만, '경제' 분야에 관해서 최고의 실력자였습니다. 고2 때 경제 동아리에 가입해 각종 대회에 나가 수상을 하고, 관련 분야 체험을 하고 책도 많이 읽었지요. 동아리 논문집도 발간하면서, 경제 관련 논문도 여러 편을 작성했답니다. 그러나 은솔이는 자신이 좋아하는 일을 하니까 누가 시키지 않아도 밤새워 논문을 작성하는 '자발적인 의지'가 샘솟듯 넘쳐나더라고 말합니다.

은솔이는 당시 몇몇 학교에서 시행하는 입학사정관제에 지원을 했습니다. 결과는 어떻게 되었을까요? 지방 학교의 중위권 성적으로 건국대학교 상경계열에 100:1의 경쟁률을 뚫고 당당히 합격했습니다.

은솔이의 대학 합격 사례는 지금까지는 가뭄의 콩 나듯 아주 드물게 나왔지만, 입학사정관제가 매년 확대되고 있어 향후 여러분이 대학에 진학할 즈음에는 자연스럽게 접할 수 있을 뿐만 아니라 여러분이 당사자가 될 수 있습니다.

입학사정관제가 어떤 제도이고, 무엇을 어떻게 해야 하는지 감이 잡히나요?

그럼 이제부터 자신만의 세계를 찾아가 볼까요?

무엇을 하고 싶은지, 무엇을 하면 잘할 수 있을지에 대해 생각했다면, 이제 실천에 옮길 때입니다.

꿈을 꾸되, 꿈을 구체화시키는 작업을 해야 합니다.

꿈이 무엇인가요? '과학자' 라구요? '과학자' 라고 하면 너무 막연하잖아요. 내 꿈을 더 세분화시켜 볼까요? '곤충학자' 가 되고 싶다구요? 물리, 화학, 생물, 지구과학 등의 과학 영역 중에 '생물' 분야로 좁혀지네요. 많이 구체화되었어요.

자, 그럼 꿈을 향해 더 나아가 볼까요?

곤충에 대해 관심이 많은 학생이니 곤충에 대한 많은 정보를 얻고, 또 곤충을 연구한 사람들 중에 업적을 남긴 분에 대한 일대기를 읽어 보는 것도 큰 도움이 되겠군요. 각종 곤충박물관이나 전시회는 정보 수집을 위해 꼭 찾아다녀 볼 필요가 있겠네요.

'파브르' 와 같은 멋진 곤충학자가 되고 싶다구요? '과학자' 라고 생각할 때는 하얀 도화지를 앞에 두고 있는 느낌이었다면, 이젠 뭔가 그림을 그린 것 같은 느낌이 들지 않나요? 평생을 온갖 곤충을 수집하고 연구하고 책을 쓰면서 검소하게 살아간 세계적인 곤충학자가 자신의 꿈 모델이 되었다면, 이제 꿈 모델을 닮기 위해서 무엇을 어떻게 해야 하는지 방법을 찾아 나가면 됩니다.

관심 분야가 명확해지고, 무엇을 해야 할지 정리가 되면 마음이 바빠질 것입니다. 평소엔 지긋지긋하게 느껴지던 책들이 술술 읽힐 거예요. 인터넷으로 관련 정보도 부지런히 찾아다니겠죠. 직접 곤충을 키우면서 보고서도 쓰고요.

이 단계까지 왔다면, 여러분은 '입학사정관제'를 성공적으로 대비할 수 있는 자격이 성공적으로 갖추어진 셈입니다.

이 책은 여러분이 꿈을 찾아가는 데 등대 역할을 해 줍니다. 이 책을 등대 삼아, 여러분의 꿈 찾기가 원활히 이루어지길 거듭 바랍니다.

2010년 대치동에서

김은실 (교육컨설턴트)

 작가의 말

비전을 가지면 꿈을 현실로 이룰 수 있어요

이 책을 들고 있는 여러분에게 먼저 질문 한 가지를 할게요.

"어른이 되어서 무엇이 되고 싶나요?"

그러면 대부분 이렇게 대답을 할 거예요.

"저는 의사가 되고 싶어요."

"저는 선생님요."

"저는 연예인요."

선생님은 여러분들이 다른 대답을 하기를 원한답니다.

"저는 아픈 사람을 돕겠다는 비전을 가진 사람이 되고 싶어요."

"아이들에게 미래의 꿈을 심어 주는 비전을 가진 사람이 되고 싶어요."

이 대답들 사이에는 어떤 차이가 있을까요?

여러분들이 한 대답은 '직업'에 대한 것이고, 선생님이 들려준 대답은 '비전'에 대한 것입니다. 비전(vision)은 미래의 목표를 말합니다. 어떤 직업을 가지기 전에 '어떻게 살겠다.'라는 명확한 비전을 가져야 꿈을 현실로 이룰 수 있습니다.

이 책은 여러분들의 비전이 무엇인지 찾아 주기 위한 책입니다. 또 비전을 이루기 위해 어떻게 준비해야 하는지 알려 줍니다.

'입학사정관제'라는 말을 들어 본 적이 있나요? 앞으로 대학뿐 아니라 특수 목적고, 외국어고 등에서는 학생을 뽑을 때 '입학사정관제'라는 제도로 선발하게 된답니다.

'입학사정관제'는 전문가인 입학사정관이 학생을 선발하는 제도입니다. 입학사정관은 공부 성적뿐 아니라 그 사람의 소질, 적성, 논리력, 창의력, 대인관계, 잠재 능력 등을 종합적으로 평가합니다. 즉, 명확한 비전과 실천력을 가진 사람을 뽑는 것이지요.

초등학생 때부터 일찍 진로적성을 발견하고 그에 맞는 경험을 꾸준히 쌓아서 자신만의 '포트폴리오'를 만들어 가는 사람이 유리해집니다.

이 책은 평범한 아이가 비전을 가지게 되는 과정과 그 비전을 이루기 위해 준비하고 실천하는 과정을 동화로 만든 책이랍니다. '입학사정관제'가 초등학생인 여러분들의 미래에 큰 힘을 주는 일이기에, 지금부터 준비해야 하기에 선생님은 즐거운 마음으로 이 책을 썼습니다.

이 책을 읽는 모든 어린이들이 한 발 앞서 가는 어린이, 좀 더 멀리 보는 어린이, 좀 더 큰 비전을 가진 어린이가 될 것이라고 확신합니다.

박성철

나도 변신할 수 있을까?

슬아는 이불 너머로 슬쩍 시계를 쳐다보았습니다. 야속한 시곗바늘이 8시를 가리키고 있었습니다.

'휴! 정말 학교 가기 싫다…….'

학교에 가기 싫다고 늑장을 부려 봐야 소용이 없다는 것쯤은 슬아도 알고 있습니다. 엄마의 잔소리에 못 이겨 학교에 갈 테고, 따분한 수업을 들으며 재미없는 하루를 보내게 될 게 뻔하지요.

하지만 슬아는 도리질을 치며 다시 이불 속으로 얼굴을 숨겼습니다.

"아직도 자는 거야? 얼른 일어나 학교 가야지!"

엄마는 오늘도 어김없이 소리를 지르며 슬아의 방으로 들어왔습니다. 슬아는 엄마의 잔소리에 넌더리가 나서, 들은 척도 않고 그대로 누워 있었습니다. 엄마는 슬아를 마구 흔들어 대기 시작했습니다.

결국 슬아는 한숨을 쉬며 이불 밖으로 얼굴을 내밀었습니다. 엄마가 도깨비 같은 눈으로 매섭게 쏘아보고 있었습니다.

"알았다고요! 일어나면 되잖아요……."

겨우 몸을 일으킨 슬아는 달팽이처럼 화장실로 기어갔습니다. 느릿느릿 양치질을 하며 한숨 한 번, 깨작깨작 세수를 하며 한숨 두 번. 슬아의 한숨 소리 때문에 온 방이 푹 꺼질 지경입니다.

"아침부터 어린 애가 한숨을 쉬고 그래! 지각하겠다, 얼른 준비해!"

엄마의 잔소리가 쩌렁쩌렁 울렸습니다. 슬아는 가방 속에 아무렇게나 책을 집어넣고는 얼른 신발을 구겨 신었습니다.

"엄마한테 인사도 안 하고 가는 거야? 오늘 할아버지 제사니까 큰아버지 댁으로 바로 와!"

엄마가 등 뒤에서 소리쳤지만 슬아는 대답도 없이 '꽝' 하고 문을 닫았습니다.

터벅터벅 학교로 가는 길.

누가 슬아의 다리를 잡아끄는 것도 아닌데 걸음은 자꾸만 느려졌습니다. 슬아에게 학교는 한 발짝도 들여놓고 싶지 않은 새까만 동굴 같습니다. 공부를 잘하는 것도 아니고, 친구가 많은 것도 아니니 학교 가는 게 즐거울 리가 없습니다.

터덜터덜 썰렁한 복도를 지나 겨우 교실에 도착한 슬아는 무거운 책가방을 책상 위에 툭 내려놓았습니다.

"슬아야!"

하고 누군가 불러 주면 좋겠는데, 친구들은 눈길 한 번 주지 않았습니다. 삼삼오오 모여 아이돌 그룹의 노래를 따라 부르고 있었습니다.
"어제 그 프로그램에서 이렇게 춤추는 거 봤어? 멋지더라!"
"너 정말 흉내 잘 낸다. 하하하!"
슬아는 아이들 사이에서 이야기를 주도하는 친구를 바라보았습니다.
'부럽다……'
문득 아이들과 어울리지 못하는 자신이 싫어졌습니다.

드르륵 문 열리는 소리와 함께 선생님이 들어오셨습니다.
"자, 수업 시작할게요."
교실 정면에 있는 큰 컴퓨터 화면이 켜졌습니다.
2019년 2월 12일
화면에는 오늘 날짜가 반짝거리고 있었습니다.
'이제 나도 3주만 있으면 5학년이 되는구나. 휴! 금방 중학생이 될 텐데……'

슬아는 어깨에 커다란 돌을 짊어진 것만 같았습니다.

문득 아무것도 해 놓은 것 없이, 학년만 높아지는 것 같아 우울한 기분이 들었습니다. 선생님 말씀도 귀에 통 들어오지 않았습니다.

'나는 왜 제대로 하는 게 하나도 없을까?'

'이러다 대학교나 갈 수 있을까?'

'공부 잘하고 인기 있는 아이로 변신할 방법은 없을까?'

하지만 생각을 하면 할수록 엉킨 실타래처럼 머릿속은 더 복잡해질 뿐이었습니다. 슬아는 하루 종일 멍하니 창밖만 바라보았습니다. 싸늘한 바람이 나뭇가지를 어지럽게 흔들고 있었습니다.

어느새 수업이 끝이 났습니다.

'또 이렇게 지겨운 하루가 지나가는구나.'

슬아가 교실을 빠져나오며 중얼거렸습니다. 타박타박 힘겨운 걸음으로 교문을 나서려는데, 불현듯 오늘 아침 엄마의 말이 떠올랐습니다.

'오늘 할아버지 제사니까 큰아버지 댁으로 바로 와!'

슬아의 발걸음이 갑자기 경쾌해졌습니다. 큰아버지 댁에 가면 슬아가 좋아하는 사촌, 미리 언니를 볼 수 있기 때문입니다.

미리 언니는 슬아의 우상입니다.

미국 동부 명문 사립대가 모여 있는 아이비리그의 대학을 다니고 있는 미리 언니는 방학이라 한국에 잠깐 들어와 있습니다. 언니를 만날 수 있다는 생각에 슬아의 가슴이 설레기 시작했습니다.

슬아는 버스 정류장을 향해 걸음을 재촉했습니다. 그런데 가벼웠던 발걸음에 점점 무게가 실렸습니다.

'쳇, 엄마는 또 언니와 나를 비교할 게 뻔해!'

슬아는 입술이 삐죽 튀어나왔습니다. 엄마는 큰아버지 댁에만 다녀오면 늘 미리 언니 칭찬을 늘어놓곤 했습니다.

"미리는 어쩜 그렇게 야무진지 몰라. 슬아야, 너도 언니 좀 닮아라."

미리 언니를 만나는 건 좋지만, 언니와 또 비교당할 걸 생각하니 발길이 선뜻 내디뎌지지 않았습니다. 좋다, 싫다의 마음이 딱 반이 되어 이쪽저쪽으로 걸음을 저울질했습니다. 마음도 갈까 말까, 발도 왔다 갔다했습니다.

'그래도 미리 언니를 만날 수 있잖아. 엄마 잔소리쯤이야 그냥 흘려 듣지 뭐.'

슬아의 발길이 다시 버스 정류장으로 향했습니다.

• • •

"슬아 왔구나!"

큰어머니는 슬아를 반갑게 맞아 주었습니다. 슬아는 꾸벅 인사하고 집안을 두리번거렸습니다.

"미리 언니 어디 갔어요?"

"응, 언니는 약속이 있어서 나갔어. 조금 있다가 올 거야."

슬아는 바람이 빠져나간 풍선처럼 김이 팍 샜습니다.

고모는 거실에서 전을 부치고, 엄마는 생선을 굽느라 바빴습니다. 슬아는 슬그머니 미리 언니의 방으로 들어갔습니다.

향기로운 냄새가 파도처럼 넘실넘실 밀려왔습니다.

'역시 언니 방은 언니처럼 깔끔하구나.'

슬아는 이곳저곳을 살폈습니다. 책상, 액자, 깨끗하게 정리되어 있는 책들……. 그러다 슬아의 시선이 책장 위 빨간 상자에 멈췄습니다.

'저건 뭐지? 꽤 오래돼 보이네…….'

잠자고 있던 호기심이 부릉부릉 시동을 걸었습니다. 슬아는 의자 위로 조심히 올라가 손을 높이 뻗었습니다.

작은 먼지들이 뽀얗게 덮여 있는 상자는 오래 전부터 거기에 있었던 것처럼 보였습니다. 슬아는 '후~' 하고 입바람을 불어 먼지를 털어 냈습니다. 그리곤 빛바랜 상자의 뚜껑을 조심스럽게 열었습니다.

상자 안에 상장과 사진들이 가득 있었습니다. 어릴 적 언니 사진도 보였습니다. 슬아는 '픽' 웃었습니다. 지금의 세련된 모습은 전혀 찾아볼 수 없고, 촌티가 좔좔 흐르는 얼굴. 슬아는 그 사진 속 언니가 꼭 자신과 닮아 보였습니다.

'이건 또 뭐지?'

사진 밑에 누런 봉투 하나가 눈에 띄었습니다. 살짝 열어 보니, 성적표였습니다. 슬아는 문 쪽을 힐끗 쳐다보았습니다. 누가 오지 않는지 확인하고 조심스럽게 성적표를 펼쳤습니다.

'이게 언니의 성적표란 말이야?'

슬아는 앞에 적혀 있는 이름을 다시 확인했습니다. 눈을 비벼 가며 보고 또 보았습니다. 김미리. 틀림없이 언니의 이름이었습니다.

언니가 초등학교를 다녔던 2010년 성적표는 2019년인 지금과는 달랐습니다. 국어, 수학, 사회, 과학, 음악, 미술, 체육, 영어 등 과목이 나와 있고 각 과목마다 '잘함, 보통, 노력 요함'으로 칸이 나누어져 있었습니다.

그런데 놀라운 것은 언니의 성적은 잘함 5개, 보통 4개, 심지어 노력 요함에도 동그라미가 2개나 표시되어 있었습니다.

'이게 어떻게 된 거야? 이 성적으로 어떻게 아이비리그의 대학에 갔지?'

슬아는 고개를 갸웃거렸습니다.

그때였습니다. '덜컥' 하고 방문이 열리는 소리가 들렸습니다. 슬아의 가슴도 덩달아 덜컥 내려앉았습니다.

"어, 언……니!"

미리 언니는 이맛살을 찌푸리며 슬아 손에 들린 성적표와 상자를 번

갈아 보았습니다. 슬아는 몸이 뻣뻣해졌습니다.

"미, 미안해. 언니!"

슬아는 머리를 긁적이며 성적표를 얼른 내려놓았습니다.

그러자 미리 언니는 가볍게 꿀밤을 먹였습니다.

"몰래 훔쳐본 건 밉지만, 괜찮아. 어때, 재미있었니?"

언니는 예상과는 달리 별일 아니라는 듯 싱긋 웃었습니다. 그제야 슬아의 마음도 가벼워졌습니다.

"응, 그런데 이게 진짜 언니 성적표야? 이렇게 공부를 못했어?"

"못하진 않았지. 보통 정도였으니까."

미리 언니는 담담하게 대답했습니다.

"난 언니가 전교 1등쯤은 한 줄 알았어. 미국에 있는 대학교에 우수한 성적으로 합격했으니까."

"대학은 꼭 공부만 잘한다고 해서 갈 수 있는 곳이 아니야. 나는 전교 1등은 못했지만, 남다른 점이 있었어."

대답하는 미리 언니의 눈에서 빛이 반짝였습니다. 슬아의 눈도 토끼처럼 동그래졌습니다.

"남과 다른 점?"

슬아가 궁금해하며 물었습니다.

"중요한 비밀을 그냥 가르쳐 줄 순 없지."

슬아는 미리 언니를 손을 붙들고 졸라 대기 시작했습니다. 미리 언니는 손사래를 치더니 곧 슬아를 지그시 바라보았습니다.

"사실 나는 초등학교 때 공부도 잘 못하고, 자신감도 없는 아이였어."

슬아는 당차고 씩씩한 미리 언니가 자기처럼 풀이 죽어 있는 모습을 도무지 상상할 수 없었습니다. 슬아의 지금 모습이라면 모를까.

"누가 친척 아니랄까 봐, 사실 널 보면 가끔 내 초등학교 때 모습이 떠올라."

미리 언니의 말에 슬아의 몸이 부르르 떨렸습니다. 어릴 적 미리 언니가 자신과 닮았다니 도무지 믿기지 않았습니다.

"하지만 너와 한 가지 다른 점은 확실히 있었던 것 같아."

슬아는 두근거리는 가슴을 좀처럼 진정시킬 수 없었습니다.

"나는 기록광이었어. 내가 한 경험들을 어떤 형식으로든 흔적을 남기려 애썼지."

"흔적을 남기다니?"

슬아는 눈을 동그랗게 떴습니다. 미리 언니의 입에서 어떤 대답이 나올지 궁금해서 가만히 있을 수 없을 지경이었습니다.

"우리는 꿈을 이루기 위해서 많은 책을 읽고 다양한 경험을 하잖아. 하지만 어떤 노력을 했는지 그것에 대해 잘 기록해 두진 않아."

미리 언니는 잠시 말을 멈추더니 다시 어렵게 입을 뗐습니다.

"꿈을 이루기 위해서 내가 한 노력과 준비들. 나는 그것들을 놓치지 않고 열심히 기록했어. 기록을 하다 보니, 내가 한 노력을 증명할 수 있는 기회를 갖게 되었어. 또 앞으로 내 꿈에 가까워지기 위해서 어떤 준비를 하면 좋을지 더 잘 알게 되었고."

슬아는 미리 언니가 도대체 무슨 말을 하는 건지 몰라 고개만 갸우뚱거렸습니다. 미리 언니는 슬아의 표정을 보고는 무언가 결심한 얼굴로 다시 말을 이었습니다.

"좋아. 내가 어떻게 아이비리그의 대학에 합격할 수 있었는지 지금부터 들려줄게. 좀 긴 얘기가 될 텐데 준비됐어?"

슬아는 당연하다는 듯 재빨리 고개를 끄덕였습니다.

"내가 진정으로 좋아하는 것이 무엇인지 알고 준비하는 힘, 그것보다 중요한 일은 없어. 흠, 그때가 언제였더라. 내가 4학년이었을 때야……."

미리 언니는 잠깐 눈을 감았다 떴습니다.

그리고 이야기를 시작했습니다.

남들보다 뛰어나다고 생각하는
자신의 장점과
보완·발전시켜야 할 단점에
대해 쓰세요.

–연세대(인재육성 자기소개서)

입학사정관제 준비 1 ➡

자신을
파악하라

꿈을 찾은 미리 언니의 이야기

'딩동.'

"아빠다!"

미리는 초인종이 울리자마자, 읽고 있던 책을 들고 현관으로 뛰어 나갔습니다.

"우리 귀염둥이 책벌레, 또 책 읽고 있었나 보네."

아빠가 미리의 머리를 쓰다듬으며 싱긋 웃었습니다. 미리도 아빠를 바라보며 씨익 미소를 지었습니다.

"책만 좋아하지 말고 공부도 좀 잘했으면 좋겠네요. 하루 종일 방에서 책만 보고 있으니, 원!"

엄마가 앞치마에 손을 닦으며 미리를 노려보았습니다. 미리는 고개를 푹 숙이고 입을 삐쭉거렸습니다. 가만히 있던 아빠가 엄마를 쏘아

보며 말했습니다.

"무슨 소리! 공부가 인생의 다가 아니라고. 책 속에 중요한 보물들이 얼마나 많은데 그래. 미리처럼 책을 많이 읽다 보면 배경 지식이 많아져서 성적도 금방 쑥쑥 오를 거라고. 상상력도 풍부해지고! 안 그러냐, 미리야?"

미리는 힘차게 고개를 끄덕였습니다.

• • •

미리는 학교에서 있는 듯 없는 듯 조용한 아이입니다.

하지만 욕심이 없는 건 아닙니다. 담임 선생님께 잘 보이고 싶고 친구들을 이끌어 가는 멋진 아이이고 싶지만 언제나 마음뿐, 행동으로 옮기는 것이 힘듭니다. 워낙 혼자 있기를 좋아하는 성격이라 남 앞에 나서는 것이 두렵기도 합니다. 집에 있을 때에도 방 안에서 책 읽기를 좋아합니다. 그런 미리를 보면 엄마는 걱정이 되는 모양이었습니다.

저녁 식사를 마친 후 아빠는 TV를 켰습니다. TV에서는 아빠가 유일하게 좋아하는 프로그램인 뉴스가 방송되고 있었습니다.

"2010년 입학에는 많은 대학들이 입학사정관제를 실시하였습니다. '성적'보다 '잠재력'으로 학생을 평가하는 입학사정관제가 많은 대학에서 호응을 얻고 있습니다. 특목고와 과학고뿐 아니라 국제중학교 등 특수 목적 중학교에서도 입학사정관제를 실시하겠다고 발표하는 학교

가 대폭 늘어나고 있습니다."

아빠는 한참 동안 뉴스를 지켜 보았습니다.

"그래, 학교 성적만 보지 말고 아이의 소질이나 잠재력을 제대로 평가해야 돼! 꿈을 이루기 위해서 열정적으로 노력한 아이들이 희망을

입학사정관제는 성적이 아닌 잠재력, 창의성 등 가능성을 판단하며…

걸 수 있도록 해야지, 암."

잠자코 듣고만 있던 엄마도 고개를 끄덕였습니다.

"그러게요. 객관적인 방법으로 잠재력 높은 아이들을 뽑을 수 있다면, 그보다 더 좋을 순 없겠어요. 그러면 우리 미리도 가능성이 있을 텐데……."

엄마는 빙그레 웃으며 미리를 보았습니다. 책을 읽고 있던 미리는 고개를 갸우뚱했습니다.

'입학사정관제? 그게 뭐지?'

미리는 아빠, 엄마의 대화에 끼어들려다가 입을 굳게 다물었습니다. 입학사정관제라는 말조차 무슨 뜻인지 이해되지 않았기 때문입니다.

TV에서는 계속 뉴스 소리가 들려왔지만, 미리는 다시 책 속으로 빠져들었습니다.

• • •

"오늘 국어 시간에는 꿈에 대해 이야기할 거예요. 오늘은 한 초등학생의 일기를 들려줄게요."

아이들은 의자를 바짝 당겨 앉았습니다.

제목 〈알라딘〉
토요일날 우리 가족은 올림픽 공원에 가서 아이스 쇼를 보았다.
〈알라딘〉이었다. 아이스 쇼는 1, 2부가 있었다.
눈이 나빠 안 보일 줄 알았는데 안경을 쓰고 가서 다행이었다.
아이스 쇼를 보고 나서 나도 스케이트를 열심히 타서
국가대표 선수가 되어야겠다고 다짐했다.

"이 일기는 초등학교 1학년 때의 일기랍니다. 여러분이 너무도 잘 알고 있는 사람이에요. 이 일기의 주인공은 누구일까요?"

아이들이 머뭇머뭇하는 사이, 화진이가 슬그머니 손을 들었습니다.

"김연아 선수 아니에요?"

선생님은 밝게 웃으며 실로폰을 치듯 손을 가볍게 움직였습니다.

"딩동댕~, 정답이에요!"

아이들은 화진이를 바라보며 '이야~' 하고 소리쳤습니다.

"김연아 선수는 초등학교 1학년 때부터 국가대표 스케이트 선수가 되는 꿈을 키웠어요. 그래서 매일 5시간이 넘게 연습을 반복했다고 해요. 그 결과 지금처럼 훌륭한 선수가 될 수 있었어요."

여기저기서 탄성이 터져 나왔습니다.

"오늘은 자신의 꿈에 대해 발표해 봅시다. 누가 먼저 자신의 꿈에 대해 이야기해 볼까?"

여기저기서 새순이 돋는 것마냥 아이들의 손이 올라갔습니다.

"저는 축구 선수가 될 거예요. 박지성처럼 맨체스터 유나이티드 선수가 되는 것이 꿈이에요."

"저도요. 저는 박주영을 제일 좋아해요!"

"저도 축구 선수가 될 거예요."

"저도요!"

남자아이들의 굵은 목소리가 메아리쳤습니다. 선생님은 피식 웃었습니다.

"그럼 이번엔 여자 친구들의 꿈을 알아볼까?"

몇몇 여자아이들이 큰 소리로 대답했습니다.

"저는 연예인이 될 거예요. 소녀시대 같은 연예인요!"

"저는 2NE1 같은 가수가 될 거예요."

손을 번쩍 든 아이들의 꿈은 대부분 연예인이었습니다. 선생님은 손을 들지 않은 송은이의 이름을 불렀습니다.

"송은아, 너의 꿈은 뭐니?"

"……."

송은이는 고개를 푹 숙인 채 아무 대답도 하지 못했습니다.

미리는 가슴이 조마조마했습니다. 혹시 송은이가 대답을 못했다간, 뒤에 앉아 있는 미리에게 발표 순서가 넘어올지도 모르기 때문입니다.

'뭐라고 대답하지? 내 꿈이 뭐지?'

잠시 머리를 굴려 봤지만 자신의 꿈이 무엇인지 도무지 떠오르지 않았습니다. 평소에 자신의 목표나 꿈에 대해 진지하게 생각해 본 적이 없으니 당연한 일이었습니다.

선생님이 아이들을 쭉 둘러보곤 다시 질문을 던졌습니다.

"남자아이들은 대부분 축구 선수가 되고 싶은가 보구나. 모두 곰곰이 생각해 보자. 3년 후에는 어떨까? 3년 후에도 자신의 꿈이 축구 선수 그대로일 것 같은 사람?"

선생님의 갑작스러운 질문에 아이들은 서로의 얼굴을 멀뚱멀뚱 쳐다보았습니다.

"지금은 축구가 인기가 많아서 우리 반 남자아이들 대부분의 꿈이 축구 선수인 것 같아. 하지만 아시안 게임에서 야구가 우승하거나 월드 베이스볼 클래식 대회에서 우리나라가 좋은 성적을 거두면, 야구 선수가 되겠다는 친구들이 늘어나겠지?"

선생님의 표정이 더욱 진지해졌습니다.

"여자아이들도 지금은 소녀시대나 2NE1 같은 가수들이 인기가 있으니까 연예인이 꿈인 친구들이 많은 것 같구나. 올해 초 김연아 선수가 동계 올림픽에서 금메달을 따고 난 뒤에 피겨 선수가 되고 싶다고 하는 초등학생들이 많아졌다고 하던데……."

여자아이들 몇 명은 선생님의 말씀에 얼굴이 빨개졌습니다.

"자신의 꿈을 정할 때, 중요한 것은 자기 자신을 잘 아는 것이란다. 무작정 인기가 있으니까 나도 해야지, 멋져 보이니까 나도 되고 싶어, 하고 마음먹는 건 현명하지 못해. 나는 누구인지, 나의 장점과 단점은 무엇인지, 그리고 내가 좋아하고 잘할 수 있는 것이 무엇인지 찾아내는 것이 지금 너희에게는 꼭 필요한 일이야."

아이들은 조용히 선생님의 말씀에 귀를 기울였습니다.

"자신이 진정으로 원하는 것을 찾을 때 바로 진짜 자신의 꿈을 발견할 수 있단다. 김연아 선수도 자신이 좋아하는 일, 자신이 잘할 수 있는 일을 선택했기에 꿈을 이룰 수 있었던 거야."

미리는 갑자기 가슴이 벅차오르는 것을 느낄 수 있었습니다.

'그래! 내가 무엇을 하고 싶다, 무엇이 되고 싶다는 꿈이 없는 것은 나 자신을 잘 알지 못하기 때문이야.'

미리가 깊은 생각에 잠긴 사이, 하얀 종이 두 장이 건네졌습니다.

"자, 지금 나눠 준 종이에 자신의 생각을 써 보세요."

선생님은 아이들이 다 받은 것을 확인하고는 덧붙여 말했습니다.

"이건 시험이 아니니까 솔직하게 생각나는 대로만 적으세요."

첫 장에는 나의 장점 찾기, 단점 찾기 등이 적혀 있었습니다.

'나의 장점이라…….'

미리는 갑자기 머리가 온통 하얀 백지가 되는 것 같았습니다. 한참 동안 빈칸만 멀뚱히 쳐다보았습니다. 미리는 고개를 푹 숙인 채 좌우

나 알아보기

나의 장점 찾기

① 나 자신이 잘한다고 생각하는 일은?

② 남이 내가 잘한다고 인정해 주는 일은?

위의 결과를 보고 나 자신의 생각과 남이 생각하는 나의 모습이 일치하는 부분을 적어 봅시다.

나의 단점 찾기

① 나 자신이 잘 못한다고 생각하는 일은?

② 남이 내가 잘 못한다고 지적하는 일은?

위의 결과를 보고 나 자신의 생각과 남이 생각하는 나의 모습이 일치하는 부분을 적어 봅시다.

나의 성격 중 고쳐야 할 점 알기

자신의 성격 중에서 장점과 단점을 찾아보았습니다. 자신의 단점을 고치기 위해서 노력해야 할 점을 적어 보세요.

를 살폈습니다. 친구들의 손이 바쁘게 움직이고 있었습니다.

'나는 마땅히 잘하는 것도 없는데, 뭘 적어야 하지? 책 읽기라고 적을까? 그건 특별히 잘하는 게 아니잖아.'

미리는 질문을 읽고 또 읽었습니다. 그럴수록 무엇을 적어야 할지 더 막막해졌습니다. 미리는 선뜻 답을 적지 못하고, 수업 시간 내내 하얀 종이 모퉁이에 검게 낙서만 했습니다. 끙끙대다 보니 어느새 종소리가 들려왔습니다. 미리는 대충 빈칸을 채워 넣었습니다.

"자, 이제 수업 마치겠어요. 오늘 여러분이 작성한 것은 제출하지 않아도 돼요. 아직 적지 못한 친구들도 많을 거예요. 집으로 가져가서 찬찬히 살펴보고 고민해 보세요. 자기 자신을 생생하게 깨닫는 계기가 되길 바랍니다."

"네~!"

아이들은 교실이 떠나갈 듯 큰 소리로 대답했습니다. 미리는 작은 소리로 '네' 하고 입만 벙긋거렸습니다. 빈칸에 아무렇게나 구겨 쓴 글씨처럼 자신의 모습이 초라하고 작게만 느껴졌습니다.

・・・

'나는 누구지? 나는 무엇을 좋아하고, 무엇을 싫어하지?'

집으로 돌아온 미리는 책상 앞에 앉았습니다. 선생님이 나눠 준 종이 두 장을 펼쳐 놓고 생각에 잠겼습니다. 그리곤 수업 시간에 대충 적은 엉터리 글들을 깨끗하게 지웠습니다.

먼저 자신의 이름 '김미리'를 또박또박 적었습니다. 그리고 질문들을 다시 찬찬히 읽었습니다.

아무 소리도 들려오지 않는 조용한 방 안, 가만히 눈을 감고 자신의 모습을 그려 보았습니다. 학교에서는 떠오르지 않았던 생각들이 미리의 가슴에서 슬그머니 피어오르는 것이 느껴졌습니다.

미리는 빈칸을 하나씩 하나씩 메워 갔습니다. 그리고 두 번째 종이를 꺼냈습니다.

'내가 좋아하는 것은 뭘까?'

미리는 곰곰이 예전의 기억까지 떠올리면서 정성스레 적기 시작했습니다. 여태껏 자신이 무엇을 좋아하고, 무엇을 할 때 몰두하는지, 존경하는 사람이 누구인지 한 번도 진지하게 생각해 본 적이 없다는 사실이 부끄러웠습니다.

하나씩 답을 적어 보니 미리 자신도 미처 몰랐던 새로운 모습을 알게 되는 것 같았습니다. '막연한 나'의 모습에서 점점 더 '구체화 된 나'의 모습을 발견할 수 있었습니다.

쓱쓱 적어 나가던 미리는 마지막 질문에서 연필을 딱 멈추었습니다.

바로 '나의 꿈'에 대한 질문이었습니다.

'나의 꿈은 뭐지?'

선생님, 가수, 변호사······. 초등학교에 들어와서 막연하게 미래를 꿈꿔 본 적은 있었지만, 구체적으로 생각해 보는 것은 처음이었습니다.

나의 꿈

내 이름은 김미리

① 내가 가장 좋아하는 것은 _____ 이다.

② 내가 가장 싫어하는 것은 _____ 이다.

③ 내가 가장 관심을 갖고 열심히 공부하는 과목은 _____ 이다.

④ 내가 가장 하기 싫어하는 과목은 _____ 이다.

⑤ 내가 지금 관심을 갖고 있는 것은 _____ 이다.

⑥ 내가 가장 존경하는 사람(분)은 _____ 이다.

⑦ 내가 가장 하고 싶은 것은 _____ 이다.

⑧ 시간 가는 줄 모르고 몰두할 수 있을 정도로 흥미를 느끼는 일은 어떤 일인가?

_____

⑨ 부모님이나 주변의 기대에 상관없이 진정 내가 평생 하고 싶은 일, 꿈은 무엇인가?

_____

이제는 진짜 꿈을 가져야 할 나이라는 생각이 들었습니다. 앞으로 수많은 길이 주어지겠지만, 여기저기 기웃거리기보다는 한 가지 확실한 길을 찾아 막힘없이 달려 나가고 싶어졌습니다. 그 질문 앞에서 미리는 더 진지한 아이가 되어 있었습니다.

'나의 성격과 적성에 맞는 꿈은 과연 어떤 것일까?'

먼저 미리는 자신이 좋아하는 것들을 적어 보았습니다.

독서, 여행, 영어, 한비야……

'나는 책읽기를 좋아하고, 여기저기 여행 다니는 것을 좋아해. 나에게는 어떤 직업이 어울릴까?'

진정으로 바라는 꿈이 무엇인지를 찾아 생각의 나래를 펼치니, 불현듯 선생님께서 하신 말씀이 귓가에 들려왔습니다.

'중요한 것은 자신을 잘 아는 것이란다. 자신이 진정으로 원하는 것을 찾을 때 바로 진짜 꿈을 발견할 수 있단다.'

미리는 갑자기 서점에 갔던 날이 떠올랐습니다.

그날은 미리가 존경하는 세계 구호 팀장이자 여행가인 한비야 언니의 사인회가 열리고 있었습니다. 너무도 기뻐서 한 시간 동안이나 서서 기다렸다가 사인을 받았습니다.

"안녕하세요, 김미리라고 합니다."
"미리, 참 예쁜 이름이구나. 너는 꿈이 뭐니?"
미리가 머뭇거리자, 한비야 언니는 미소를 지으며 제일 첫 장에 무어라 적어 주었습니다.

'내가 가슴 뛰었던 적이 언제였지?'

기억을 더듬어 보려 애쓰던 미리의 머릿속에 한 장면이 뭉게구름처럼 떠올랐습니다.

그것은 TV에서 반기문 총장님에 대한 다큐멘터리를 보았을 때였습니다. 특히 반기문 총장님이 외국 대통령들 앞에서 영어로 연설하는 모습을 보았을 때의 감동은, 도저히 잊을 수가 없었습니다.

'그래, 내 가슴이 뛰었을 때는 바로 그때였어.'

그 기억과 함께 미리의 머리를 번개처럼 스치는 단어가 하나 있었습니다.

외 교 관

'그래, 외교관이야! 영어로 외국인과 대화하는 것을 좋아하고, 어른이 되어서도 하고 싶은 일이 세계 여행이니까, 분명 나에게 잘 맞는 꿈인 것 같아.'

미리는 풀리지 않은 수학 문제의 정답을 찾은 듯 기뻐서 폴짝폴짝 뛰었습니다. 처음으로 '나 알아보기'와 '나의 꿈'에 대해 진지하게 생각해 보았습니다. 막혀 있던 가슴이 뻥 뚫리는 느낌이었습니다. 얼마 전 산에 올라 '야호'를 외치며 크게 심호흡할 때의 시원함과 같았습니다.

'그래, 결심했어. 내 미래의 꿈은 바로 외교관이야.'

미리는 괜스레 히죽히죽 웃음이 나왔습니다. 시간이 너무 늦어 버려서 불을 끄고 자리에 누웠지만 잠이 오질 않았습니다.

'키가 한 10센티는 커진 기분인걸.'

드디어 처음으로 진지한 '꿈'이 생겼다는 사실 하나로 이전과는 전혀 다른 아이로 변한 것 같은 생각이 들었습니다.

 ## 꿈 찾기 달인, 선생님께 물어봐!

장·단점을 알면 꿈이 다가와요!

미래의 내 모습을 상상해 보세요. 좋아하고 잘하는 일을 하면서 전문가가 되어 있는 멋진 모습! 생각만 해도 흐뭇하죠?

꿈을 정했다면, 상상으로 그치지 말고 조금씩 꿈에 가까워질 수 있도록 노력해야 해요. 어떻게 하면 꿈을 놓치지 않고 좇을 수 있을까요? 좋은 방법 중 하나가 바로 '미래의 나의 역사표'를 작성해 보는 거예요.

4학년 미리가 작성했던 '나의 미래 역사표'를 보여 줄게요.

미리의 미래 역사표

미래의 나의 모습	연도	지금 내가 해야 할 일	
		장점을 살려 할 수 있는 일	단점을 보완하며 해야 할 일
다양한 경험(체험학습)	2010 초등 4학년	체험학습 자주 가기	기록 남겨 두기
부회장 도전!	2011 초등 5학년	학교 신문 기자 되기	나서는 일에 두려워 말자
봉사 활동 꾸준히!	2012 초등 6학년	사람들을 위해 봉사하기	주위를 살피는 사람 되기
영어 대회 참가	2013 중학생	외국어 공부를 꾸준히!	영어 회화 실력 쌓기
아이비리그 대학 목표	2016 고등학생	자기소개서 준비	꾸준한 공부
오지 탐험, 세계여행	2019 대학입학	세계인과 만나 봉사하기	자금 모으기
동아리 활동	2020 대학생	봉사 동아리 가입하기	다양한 사람들과 만나기
외무 고시 준비	2022 대학졸업 전	장점과 단점을 분석하자	체계적으로 공부하기
UN 근무	2023 사회인	국민을 위해 열심히!	작은 소리에도 귀 기울이는 외교관이 되도록 노력하기
자서전 출간	2060 노년기	글솜씨 뽐내기	기록물을 모아 역사물로

첫째 칸에는 '미래의 나의 모습'을 상상하며 적고, 오른쪽에는 '지금 내가 해야 할 일'을 적어 보세요. 장단점을 나누어 생각해 보면, 어떤 노력을 해야 할지 다짐하는 계기가 될 거예요.

수업 시간에 '나 알아보기'와 '나의 꿈'에 대해 생각해 보았듯이 구체적으로 미래 모습을 종이 위에 적어 보면, 머릿속으로만 상상하는 것보다 훨씬 생생하게 내가 원하는 것을 알아 갈 수 있어요.

여러분도 '나의 미래 역사표'를 작성해서 책상 앞에 붙여 두고, 꿈을 잊지 않도록 노력해 보세요.

나의 미래 역사표

미래의 나의 모습	연도	지금 내가 해야 할 일	
		장점을 살려 할 수 있는 일	단점을 보완하며 해야 할 일
	2010		
	2011		
	2012		
	2013		
	2016		
	2019		
	2020		
	2022		
	2023		
	2060		

자신의 삶에 영향을 미친 가장 중요한 사건이나 경험, 인물을 설명해 보세요.
자신의 가치관 혹은 인생관에 어떠한 영향을 주었나요?

-연세대(인재육성 자기소개서)

진로를 찾아라

집으로 돌아온 미리는 곧장 방으로 달려갔습니다. 책가방도 벗지 않은 채 얼른 컴퓨터를 켰습니다.

'외교관에 대해 자세하게 알아봐야지. 인터넷으로 알아보면 외교관은 어떤 직업이고, 어떤 준비를 해야 하는지 알 수 있을 거야.'

미리는 검색 창에 '외교관'이라고 또박또박 적어 넣었습니다. 엔터 키를 누르니 주르륵 관련 내용들이 쏟아져 나왔습니다.

많은 정보들 중에서 '외교관이 꿈인 사람 모여라'라는 카페가 눈에 확 띄었습니다. 미리는 얼른 카페에 가입했습니다. 외교관을 꿈꾸는 학생들이 생각보다 많았습니다. 덕분에 외교관에 대해 궁금했던 정보를 금방 찾을 수 있었습니다.

'역시 멋진 직업이구나! 그런데 어떻게 하면 외교관이 될 수 있을까?'

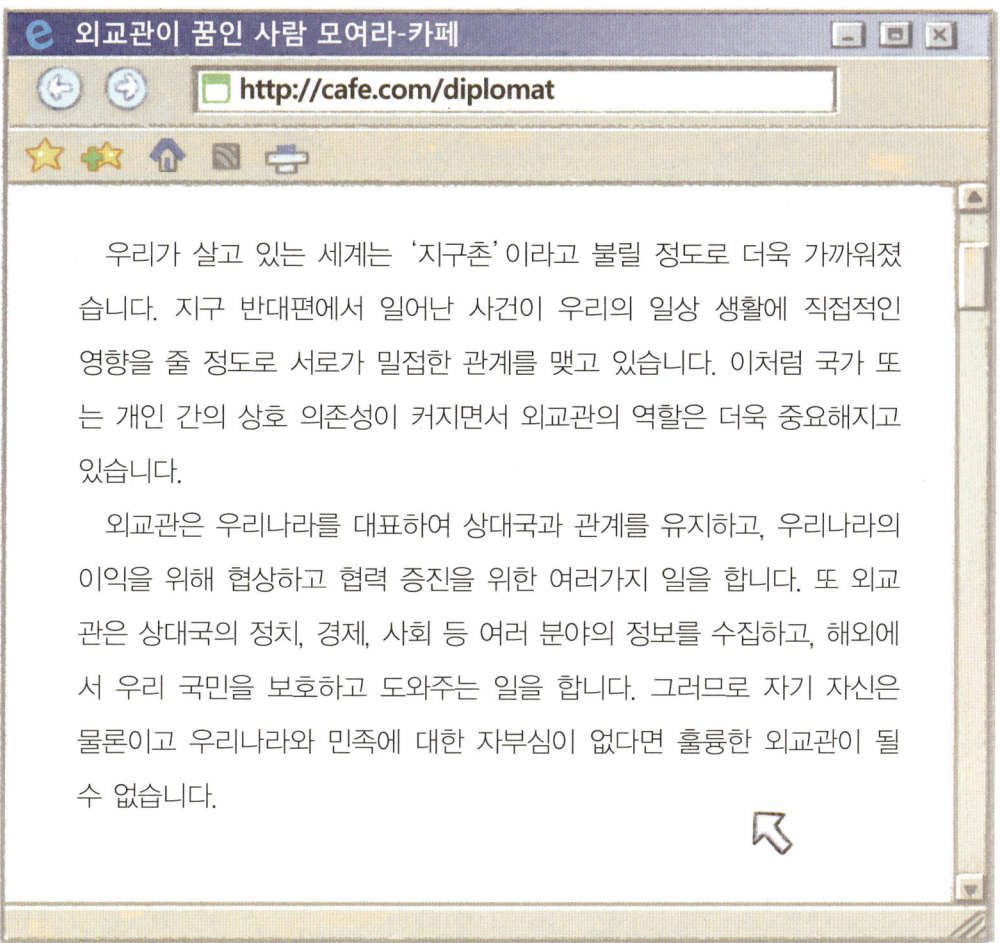

미리는 첫번째 게시판에 있는 글을 클릭해 보았습니다.

미리는 외교관이라는 직업에 대해 점점 더 깊이 빠져들었습니다. 알면 알수록 궁금증이 더 커졌습니다. 미리는 게시판에 있는 다른 글들도 클릭해 보았습니다.

불현듯 예전에 담임 선생님께서 하신 말씀이 생각났습니다.

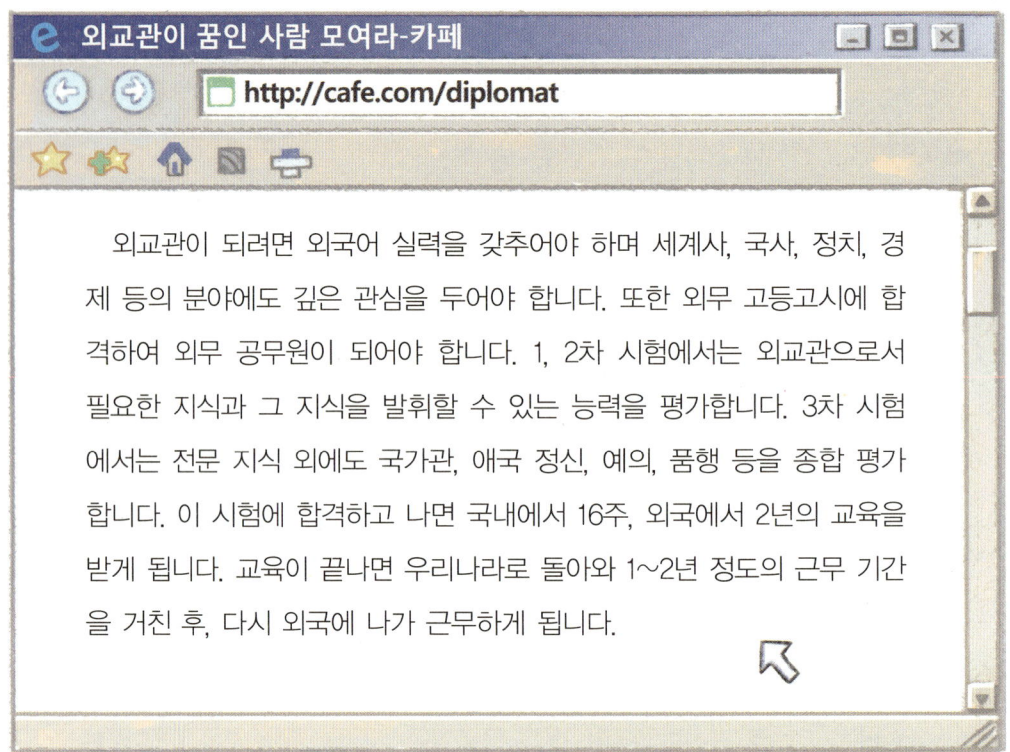

　"선생님은 여러분이 자신의 꿈 모델 한 명씩을 가지기를 바랍니다. '역할 모델'이라고도 하죠. 말하자면 자신이 가장 존경하고, 닮고 싶은 인물을 정하는 거예요. 자신이 가장 잘할 수 있는 분야를 택해서 그 분야에서 가장 뛰어난 업적을 이룬 사람을 생각해 보세요. 컴퓨터를 좋아한다면 빌 게이츠나 안철수를, 그림 그리기를 좋아한다면 피카소나 반 고흐를, 음악을 좋아한다면 베토벤이나 장영주를, 축구에 관심이 많다면 호나우두나 박지성을 자신의 꿈 모델로 삼는 것입니다. 누가 정해 주는 게 아니에요. 여러분 스스로 닮고 싶은 인물을 찾아 그 사람을 역할 모델로 삼고, 그 사람처럼 행동하고 생각하다 보면 자신도 모르는 사이에 그 사람을 닮아 가게 된답니다. 자신의 꿈 모델을 자세히 알고 연구하는 것이 꿈을 이루는 첫걸음이 될 수 있어요."

• • •

미리는 자신의 꿈 모델을 떠올렸습니다. 미리의 머릿속에는 안경을 낀 인자한 표정의 한 사람이 나타났습니다. 우리나라 최초로 유엔(UN) 사무총장이 된 반기문 총장님이었습니다.

'반기문 총장님을 모르는 사람은 아무도 없어. 나도 알고 있잖아. 하지만 어떻게 해서 유엔 사무총장이 될 수 있었는지 잘 모르겠어. 총장님의 어린 시절은 어땠을까?'

미리는 신문 기사도 살펴보고, 반기문 총장님의 어린 시절을 검색해 보았습니다. 하지만 대부분이 짤막하게 요약된 글들이라 자세히 알기 어려웠습니다. 아쉬운 마음이 들었습니다.

'그래, 인터넷으로는 깊이 있는 정보를 얻는 것이 힘든 것 같아. 더 자세히 알려면 반기문 총장님에 대한 책을 읽어 보는 게 좋겠어.'

미리는 인터넷 서점에 들어가 반기문 총장님에 대한 책을 검색해 보았습니다. 많은 책 중에서 유엔 사무총장이 된 배경과 각오가 담긴 책을 발견할 수 있었습니다. 미리는 당장 아빠에게 달려갔습니다.

"아빠, 제 꿈 모델을 반기문 총장님으로 정했어요!"

"꿈 모델?"

"네! 닮고 싶은 사람이요. 제가 '외교관'이라는 꿈을 가지게 되었거든요. 그런데 아직 그 직업에 대해 모르는 게 많아요. 반기문 총장님에 대한 책을 읽어 보면서 더 자세히 꿈 모델에 대해 알고 싶어요."

아빠는 흐뭇한 미소를 지었습니다.

"꿈을 찾는 도구로 책이 필요하다면 얼마든지 사 줘야지! 그런데 우리 미리가 외교관이 꿈인 줄 아빠는 미처 몰랐구나."

미리는 부끄러워 얼굴이 빨개졌습니다.

"수업 시간에 꿈에 대해 발표를 했는데, 그동안 한번도 꿈에 대해 깊게 생각해 본 적이 없었다는 걸 깨달았어요. 그래서 고민해 봤죠. 그런데 아빠……, 나도 외교관이 될 수 있을까요?"

"그럼. 우리 미리처럼 책도 많이 읽고, 이렇게 열정적으로 꿈을 찾으려고 노력하는 사람은 꼭 꿈을 이룰 수 있단다. 엊그제 뉴스에서도 그러더구나. 앞으로는 잠재력이 높고 다양한 경험을 한 사람을 높게 평가하는 '입학사정관제'라는 제도가 도입됐다고. 우리 미리에게도 기회가 더 넓어지는 셈이지! 지금부터 차근히 준비한다면, 꼭 이룰 수 있을 거야!"

아빠의 말에 미리는 용기가 불끈불끈 솟아나는 기분이 들었습니다.

• • •

"야, 반기문 총장님 책이다."

미리는 현관문 앞에 놓여 있는 택배 상자를 발견하고는 다람쥐가 도토리를 물고 가듯 잽싸게 책을 들고 방으로 달려갔습니다.

300페이지가 넘는 책은 제법 무거웠습니다. 어린 시절 일화에서부터 어떻게 외교관이라는 꿈을 정하게 되었는지까지, 흥미로운 이야기가 사진과 함께 소개되어 있었습니다. 이제껏 읽었던 판타지 동화보다도 더 흥미로웠습니다.

"미리야, 밥 먹으렴."

미리는 책에서 눈을 떼지 않고 식탁 앞으로 갔습니다. 밥은 먹는 둥 마는 둥 책장만 열심히 넘겼습니다. 평소 엄마 같았으면 "밥 먹을 땐 밥만 먹어야지. 그렇게 딴짓 하면 못써!" 하고 혼을 냈겠지만, 꿈 모델을 찾아가는 미리의 모습이 기특했던지 오늘은 아무 말도 하지 않았습니다.

미리는 방으로 돌아와 책 읽기를 계속했습니다. 반기문 총장님이 꿈의 설계도를 만든 이야기나 미국에서의 일화들은 미리의 마음을 뜨겁게 달구었습니다.

밤이 깊어 가고 있었습니다. 미리도 점점 더 깊이 빠져 들었습니다.

'이렇게 꿈을 정하고, 열심히 하면 되는 거구나.'

엄마가 늦었다고 잠자리를 재촉했지만 미리 귀에는 아무것도 들리지 않았습니다.

"미리야, 자야지. 벌써 10시야."

엄마의 재촉을 몇 번 더 받고 나서야 아쉬운 마음을 뒤로 한 채 책을 덮었습니다. 침대에 누웠지만 이상하게 잠이 오지 않고 눈만 말똥말똥 했습니다. 어느새 책에서 읽은 한 장면이 천장 벽지 위에 그려져 있었습니다.

반기문의 인생을 바꾸게 된 일은 고등학교 1학년 때 찾아왔습니다. 그의 집 근처에 비료 공장이 생겼습니다. 그는 자주 비료 공장 앞을 어슬렁거렸습니다.

그 이유는 공장에서 일하는 외국인 근로자에게 말을 걸기 위해서였습니다. 저 앞에 외국인이 보이면 반기문은 쏜살같이 뛰어가서 말을 걸었습니다.

"Nice to meet you. where are you from?"

(만나서 반가워요. 당신은 어디에서 왔나요?)

그 모습이 귀엽고 대견해 보였는지 외국인은 웃으며 대화를 나누어 주었습니다. 반기문의 외국어 실력은 탑을 쌓듯 차곡차곡 올라갔습니다.

그가 그토록 열심히 영어 공부를 하자고 결심했던 계기는 초등학교 시절에 있었습니다. 바로 변영태 외무부 장관의 강연이 있었던 날이었습니다.

"우리 대한민국은 아주 작은 나라입니다. 세계에서도 인정해 주지 않습니다. 하지만 우리 국민에게는 성실함이라는 가장 큰 무기가 있습니다. 외교관이라는 직업을 통해 우리 국민들의 성실함과 능력을 세계에 알려야 합니다."

반기문은 이때 '외교관'이라는 단어를 가슴 깊이 새겼던 것입니다.

'외교관이 되기 위해서는 영어를 잘해야겠어……'

반기문은 비료 공장에서 외국인의 발음을 녹음해서 반복하여 들으며 연습하고 또 연습했습니다. 그는 학원 한 번 다녀 본 적 없이 비료 공장에서 모든 영어를 배웠습니다. 친구들은 그 모습을 보고 "기문이는 영어에 미쳤어."라고 놀릴 정도였습니다.

'나는 음악도 못하고 운동도 못하잖아. 그러니 내가 잘할 수 있고, 잘해야 하는 '영어' 하나에만은 미쳐야 해.'

어느 날 신문을 보던 반기문의 눈이 휘둥그레졌습니다.

'적십자사 주최 영어 웅변 대회'.

드디어 그동안 갈고 닦은 영어 실력을 발휘할 때가 온 것입니다. 촌놈 반기문은 영어 잘하는 서울 친구들과 한번 대결해 보기로 결심했습니다. 특히 대회 수상자에게는 청소년 미국 연수 프로그램인 비스타(VISTA, Visit of International Student to America)에 참여할 수 있도록 미국 항공권을 제공해 주는 혜택

　이 있었습니다. 미국에 가서 현지인들과 영어로 대화할 수 있는 기회를 얻고 싶었습니다.
　끝없는 노력 끝에 반기문은 대회에 도전했습니다. 그리고 당당하게 1등이라는 영광을 차지했습니다.
　드디어 미국에 처음 발을 디디게 되었습니다. 대회에 참여한 43개국 117명의 대표 학생들과 함께 미국의 문화를 직접 보고 실감할 수 있는 기회를 얻은 것입니다.
　그러던 중 그들은 백악관에 초대를 받았습니다. 그곳에서 반기문은 미국의 제35대 존 F. 케네디 대통령을 만났습니다. 실제로 만난 대통령은 훨씬 멋지고 인자해 보였습니다. 연설을 마친 케

네디 대통령은 반기문을 보며 이렇게 물었습니다.
"자네는 꿈이 무엇인가?"
그 당시만 해도 잘 알려지지 않은 조그만 나라, 대한민국에서 온 반기문에게 미국의 대통령이 질문을 던진 것입니다.
반기문의 가슴은 쿵쾅쿵쾅 뛰었습니다. 반기문은 주먹을 굳게 쥐고 자신 있는 목소리로 말했습니다.
"네, 제 꿈은 외교관이 되는 것입니다!"
전 세계에 자신의 꿈을 밝히는 순간이었습니다. 반기문은 반드시 그 꿈을 이루기로 결심했습니다. 그날 이후 자신의 꿈의 설계도를 그리고 외교관이라는 꿈을 향해 달려나갔습니다.

'정말 멋지다! 대단한 분이야. 이렇게 자신의 꿈을 이루기 위해 하나씩 노력해 가다니!'

미리의 심장이 요란한 소리를 내면서 뛰었습니다. 반기문이 고등학교 시절 케네디 대통령을 만나 그랬던 것처럼 말입니다.

'나도 반기문 총장님 같은 외교관이 되고 싶어. 그런데 나에게는 외교관이 될 수 있는 재능이 있을까? 꿈을 갖는다고 다 이룰 수 있는 건 아니잖아.'

미리의 머릿속에는 궁금증이 끓어올랐습니다. 미리는 선생님이 꿈 모델에 대해 설명하실 때 덧붙였던 말씀을 떠올렸습니다.

"가끔 자신의 꿈 모델과 상상의 대화를 하는 것은 아주 좋은 방법입니다. 먼저 자신이 좋아하는 인물의 사진이나 그림을 가장 잘 보이는 곳에 붙여 두세요. 매일 그것을 보면서 '나도 저렇게 되고 싶어.'라고 스스로에게 말을 하세요.

그리고 자신이 존경하고 닮고 싶은 인물에게 궁금한 점이나 조언을 받고 싶을 때면, 조용히 눈을 감고 그 사람을 떠올려 보세요. 꿈 모델과 상상의 대화를 하는 거예요. 눈을 감기 전에 그 인물의 사진이나 그림을 1분 정도 뚫어지게 바라보면 더 잘 떠오를 거예요. 그 다음에는 그 인물에게 궁금한 점, 배우고 싶은 점을 마음속으로 질문해 보세요. 그런 상상의 대화를 많이 할수록 여러분은 자신의 꿈에 한 발짝, 한 발짝 가까워지게 된답니다."

'그래, 나도 그 방법을 한번 시도해 봐야겠어.'

미리는 자신의 책상 유리 밑에 끼워 둔 반기문 총장님의 사진을 뚫어지게 쳐다보았습니다. 그리고 가만히 눈을 감았습니다.

한참을 생각에 잠겨 있으니 반기문 총장님의 얼굴이 환하게 비춰졌습니다. 반기문 총장님은 허리를 굽혀 미리에게 악수를 건넸습니다.

미리는 깜짝 놀랐습니다. 그 모습이 너무도 생생하게 그려졌기 때문입니다.

"네가 미리구나. 안녕?"

"어? 제 이름을 어떻게 아세요?"

"네가 마음속으로 나를 불렀잖니. 궁금한 것이 있어서 불렀지? 무엇이든 물어보렴."

신기하게도 미리의 손에는 인터뷰 질문 종이가 들려져 있었습니다.

"외교관이 되기 위해서는 어떤 노력을 해야 하나요?"

"음, 외교관이 되기 위해서는 뛰어난 어학 실력을 가지고 있어야 해. 영어는 기본이고 다른 외국어를 한두 가지 더 잘할 수 있다면 더욱 좋겠지. 그리고 우리나라의 역사와 문화뿐 아니라 세계 여러 나라의 역사와 문화까지 아는 것이 중요해. 그러기 위해서는 폭넓은 독서를 해야겠지? 그런데 무엇보다 중요한 것은, 우리나라와 국민을 사랑하고 봉사하는 마음 자세를 갖는 거야. 외교관은 우리나라를 세계에 알리고 외국에 나가 있는 우리 국민들을 보호하는 일을 하는 만큼, 나라를 사랑하는 마음이 없어서는 안 된단다."

미리는 고개를 끄덕였습니다.

"그럼 저도 가능성이 있나요?"

반기문 총장님이 인자한 미소를 지었습니다.

'그럼, 초등학생은 이제 인생의 출발점에 서 있는 상황인걸. 자신이 좋아하는 것이 무엇인지 정확하게 알고, 그것을 위해 노력한다면 꿈은 반드시 이루어지게 되어 있어. 외교관을 꿈꾸고 노력하면 외교관이 될 수 있고, 기업가를 꿈꾸고 노력하면 기업가가 될 수 있어. 단 그것을 간절하게 원하고, 매일매일 꿈꾸고, 철저하게 계획해서 끝없이 노력해야만 하는 거야.'

미리의 얼굴에 웃음꽃이 활짝 피었습니다.

"감사해요. 저도 제가 좋아하는 것이 무엇이고, 내가 원하는 것이 무엇인지 알게 되었으니 제 꿈을 이루기 위해 노력할 거예요."

"그래, 그 꿈을 향해 나아가다가 지치고 포기하고 싶어질 때면 언제든 다시 나를 불러내렴."

· · ·

미리는 천천히 눈을 떴습니다. 반기문 총장님이 직접 방으로 찾아와 친절하게 조언해 준 것만 같았습니다. 선생님이 가르쳐 준 꿈 모델과의 대화 나누기, 그것은 너무도 생생한 경험이었습니다.

'꿈을 이루기 위해 노력하는 사람이라면 누구나 이 방법을 사용하면 좋을 것 같아.'

미리의 조그만 두 주먹이 불끈 쥐어졌습니다.

이제 꿈을 향해 출발하는 미리는 희망이라는 단어를 가슴속에 꼭 품게 되었습니다.

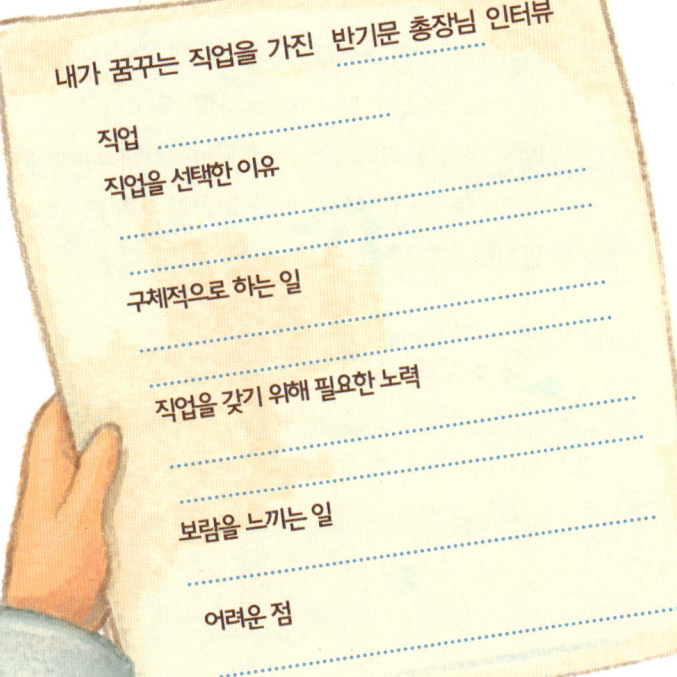

진로 발견의 달인, 반기문 총장님께 물어봐!

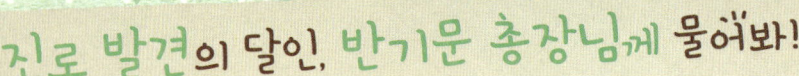

나의 진로를 발견하는 가장 쉬운 방법

꿈(목표, 진로)은 자신의 장단점을 파악하여 자신이 가장 좋아하고 잘하는 것을 찾아 정하기도 하지만, 특별한 사건이나 경험, 책, 인물을 통해 결정되기도 합니다. 나는 초등학생 때 변영태 외무부 장관의 강연을 들었던 그 짜릿한 경험이 진로를 결정하는 큰 자극이 되었지요.

내 꿈에 대한 절실한 고민이 없으면 앞으로 중학생, 고등학생이 되어서도 목표 없이 허둥대고 갈팡질팡하며 고민하게 될 거예요. 나는 여러분이 뚜렷한 목표를 가진 초등학생이 되길 바랍니다. 미래의 목표를 뚜렷이 가지고 관련된 특별 활동을 꾸준하게 해 온 학생이야말로 바로 미래가 원하는 인재랍니다.

그럼 어떤 경험이 진로를 발견하는 데 도움이 될까요? 경험은 저절로 찾아오기도 하지만, 꾸준히 관심을 가지고 찾아볼 때 비로서 얻어지기도 한답니다.

1 교내 활동과 동아리 활동 ··· 내 적성을 알아 가는 기회

미래에 작가가 되고픈 친구들은 꾸준한 독서와 글쓰기 능력을 키우기 위해 '독서부'에 들 수도 있고, 기자나 아나운서가 되고 싶은 친구들은 '방송반'에서 활동할 수도 있어요. 그 밖에 음악에 취미가 있는 친구들은 '리코더부'에 들어 음감을 익히는 것도 좋아요.

취미를 살리면서 미래의 내 꿈을 이루는 데 도움이 될 만한 동아리나 방과후 활동을 찾아 열심히 활동해 보세요.

2 강연회 참가 ··· 꿈 모델을 찾기 위한 노력

교육청이나 구청 등에서 초등학생들을 위한 강의가 열리기도 합니다. 서점이나 백화점 문화센터에서도 유명 강사 강연회가 열려요. 부모님과 상의해 초등학생들이 참여할 수 있는 강연회를 찾아보세요. 직접 전문가에게서 자신의 경험이나 노하우, 인생 이야기 등을 들을 수 있다면 정말 멋진 경험이 될 거예요.

3 교외 활동과 다양한 캠프 ··· 리더십과 재능을 살리는 기회

학교 밖에서 열리는 다양한 활동이나 캠프에 참여할 수 있어요. 미술관, 음악회, 박물관 등을 관람하면서 예술 활동을 즐길 수도 있고, 방학 때 주로 열리는 '캠프 활동'을 통해 리더십과 적응력을 키울 수도 있어요.

4 대회 참여 ··· 내 재능을 확인하는 시간

경희대 영어학부에 합격한 한 학생은 아나운서가 되는 꿈을 가지고 혼자 책 읽기 연습을 했다고 해요. 발음을 정확하게 하는 훈련과 알맞은 속도로 말하는 훈련을 쌓아서 '전국 시 낭송 대회'에 나갔고, 좋은 결과를 얻어 대학 진학에도 큰 도움이 되었지요.

여러분도 백일장, 독후감 쓰기 대회, 표어 공모전, 독서 퀴즈 대회, 교내외 토론 대회, 문예 글 공모, 논술 경시대회, 사생 대회 등 다양한 대회에 참여해 보는 것이 좋아요. 그 경험은 혹 상을 타지 못하더라도 소중한 계기가 된답니다. 결과보다는 과정이 중요하거든요.

대회에서 수상을 하거나 자격증을 따게 되면 내가 가진 장점과 잠재력을 다른 사람에게 객관적으로 알려 주는 자료가 돼요. 하지만 꼭 상을 타기 위해서, 기록을 남기기 위해서가 아니에요. 다양한 대회에 참여해 가면서 내 적성에 맞는지 확인하고 꿈을 향해 꾸준히 노력하며 전진하는 기회를 얻게 되는 것이지요.

5 인적성 검사 ··· 과학적으로 내 적성을 알아보기

인적성 검사를 이용하면 막연히 자신의 꿈과 진로를 갖는 것에 그치지 않고 더 확신을 갖게 되고, 진로에 대해 더욱 진지하게 고민해 볼 수 있는 계기가 됩니다.

다양한 질문에 답해 보면서 자신이 가진 잠재력과 재능이 무엇인지 깨닫고, 그 분야와 관련된 경험을 준비하고 책을 찾아 읽으면 자기만의 세계를 풍성하게 만들 수 있습니다.

지원한 모집 단위에서
공부하기 위하여 어떤 노력과
준비를 하였는지 쓰세요.

-경희대(네오르네상스 전형 자기소개서)

입학사정관제 준비 3

목표를 향한 노력

포트폴리오의 달인

"**야**, 신 난다!"

교실엔 오랜만에 함성이 메아리쳤습니다. 그동안 공부하느라 지쳐 있던 아이들에게 촉촉한 단비가 내렸기 때문입니다.

"다음 달에 1박 2일 동안 경주로 체험학습을 떠나게 되었습니다. 경주로 가기 전에 미리 공부해서 보람 있고 뜻깊은 시간이 되도록 준비하세요."

"네~!"

아이들은 한 명도 빠지지 않고 활기찬 목소리로 대답했습니다. 쉬는 시간이 되자, 모두 들떠서 체험학습 이야기를 하느라 분주했습니다.

"우리 경주 가서 신 나게 놀자."

"당연하지. 아, 기대된다~! 자, 준비됐지?"

태윤이는 TV 프로그램 〈1박 2일〉을 흉내 냈습니다. 개그맨 강호동 아저씨처럼 아이들에게 손짓을 하며 먼저 소리쳤습니다.

"1박~"

아이들은 함께 맞장구를 쳤습니다.

"2일!"

그 모습을 웃으면서 지켜보던 승준이는 앞에 앉은 미리에게 귓속말을 했습니다.

"점심시간에 뭐 해?"

"그냥 별 일 없는데 왜?"

"그럼 점심시간에 밥 먹고 좀 봐. 이야기할 게 있어."

미리는 명탐정 승준이가 할 이야기가 있다는 말에 겁이 덜컥 났습니다. 평소에 그다지 친하지 않은 친구였기 때문입니다.

승준이의 별명은 명탐정입니다. 항상 연필과 표지가 두꺼운 수첩을 들고 다니며 뭐든 메모하고 다니기 때문에 붙여진 별명입니다. 아이들은 모두 그 수첩에 뭐가 적혀 있을까 늘 궁금해했습니다. 장난꾸러기 상윤이가 가끔 수첩의 정체를 밝히려고 시도했지만 그때마다 실패하곤 했습니다.

"궁금해할 필요 없어. 이건 나만의 비밀 노트니까."

친구들이랑 이야기하다가도 쓱싹쓱싹, 길가를 걷다가도 쓱싹쓱싹 메모를 하는 승준이. 아이들은 승준이가 엉뚱하다고 생각했습니다.

"미리야. 내가 너를 보자고 한 건 다른 게 아니라……, 경주에 가면 유적지를 구경하잖아."

"그렇지."

미리는 승준이가 뜬금없이 체험학습 이야기를 꺼내자 고개를 갸우뚱거렸습니다.

"너와 나, 그리고 한두 명을 더 모아서 유적지에 대해 미리 조사해 보는 건 어때? 요즘 너 뭔가를 열심히 하는 것 같아 보이던데, 이번 체험학습 준비 같이 해 보자. 4명이 각자 나누어서 살펴보면 어렵지 않을 거야."

미리는 승준이의 갑작스러운 제안에 깜짝 놀랐습니다. 하지만 잠시 생각해 보니, 꽤 근사한 방법이란 생각이 들었습니다. 미리 공부하면 체험학습을 가서 더 속속들이 살펴볼 수 있고, 여럿이 나누어 조사하면 시간을 절약할 수 있기 때문입니다.

"좋아."

미리는 친한 친구인 현아와 자빈이에게도 권유했습니다. 그리고 승준이와 함께 각자 조사해 올 부분을 나누기 시작했습니다.

"현장에 가서 무엇을 보고 어떻게 공부하겠다는 계획을 세우는 건 정말 중요한 것 같아. 미리 자료 조사를 해야 무엇이 중요한지, 무엇을 봐야 할지 알 수 있거든. 혼자서는 힘드니까 나눠서 조사해 보자."

승준이의 말에 자빈이가 고개를 끄덕이며 말했습니다.

"맞아. 선생님도 성공적인 체험학습은 조사와 준비 과정에서 이루어진다고 하셨어."

승준이는 빙긋 웃더니, 능숙하게 체험학습 계획을 세우는 방법에 대해 설명하기 시작했습니다.

"내가 만들어 본 체험학습 계획서야. 빈칸을 채워 넣고 '미리 조사한 내용'에 각자 맡은 부분들에 대한 정보를 기록해 오는 거야, 어때?"

셋은 승준이가 나누어 준 계획서를 찬찬히 훑어보았습니다. 마치 선생님이 시킨 것처럼 꼼꼼하게 항목별로 정리되어 있었습니다. 미리는 문득 승준이가 남달라 보였습니다.

체험학습 계획서

초등학교   학년   반   번   이름:

체험학습 일시	년 월 일 ~ 년 월 일까지
체험학습 장소	
체험학습 주제	
체험학습 활동 계획	
시간	
활동할 내용	
준비물	
알아보고 싶은 점	
같이 참여할 사람	
조사 방법	
궁금한 점	
미리 조사한 내용	
꼭 해결해야 할 내용	

'이렇게 미리 공부해 두면 정말 뜻깊은 체험학습이 될 것 같아.'

미리는 자신이 맡은 부분을 어떤 방법으로 조사하면 좋을까 고민하면서 집으로 향했습니다.

• • •

햇살이 따스하고 바람도 살랑살랑 불어 덥지 않은 푸르른 날, 현암 초등학교 4학년 2반 친구들은 경주로 '교과서 밖 세상 여행'을 떠났습니다. 남자아이들 몇 명은 버스가 오자마자, 맨 뒷자리를 차지하기 위해 뛰어올랐습니다.

"닌텐도 가져왔어?"

"당연하지."

차가 달리기 시작하자, 아이들은 게임기를 꺼냈습니다. 버스는 톨게이트를 지나 고속도로를 달리기 시작했습니다.

미리의 뒷자리에 앉아 있던 승준이는 가방에서 체험학습 계획서를 꺼냈습니다.

"미리야, 이거 읽어 봐. 내가 공부해 오기로 한 경주의 역사야."

미리 조사한 내용은 다른 종이에 빽빽하게 적혀 있었습니다.

"우리도 조사한 부분을 줄게."

승준이와 미리, 현아, 자빈이는 서로가 조사해 온 것을 바꾸어 읽었습니다. 인터넷과 다양한 책들을 두루 보고 조사를 해 와서인지 미리

미리 조사한 내용

경주의 본래 이름은 서라벌입니다. 우리가 지금 부르는 경주라는 이름은 고려가 신라를 차지하면서부터 생겨났습니다.(서라벌 이전에는 사로국이라고 했습니다.)

수많은 문화유산을 고스란히 품고 있는 경주는 유네스코(UNESCO)가 지정한 세계 문화유산 가운데 하나입니다. 유네스코는 경주를 '경주 역사 유적 지구'로 지정하고 도시 전체를 5개 구역으로 나누었습니다. 이 5개 구역은 산 전체가 온갖 불교 미술로 가득한 '남산 지구', 옛 신라의 궁궐터인 '월성(반월성)지구', 신라의 옛 무덤들이 모여 있는 '대릉원 지구', 지금은 사라진 거대한 절과 목탑이 있었던 '황룡사 지구', 경주를 지키던 명활산성이 있는 '산성 지구'로 구분됩니다.

'경주 역사 유적 지구'와는 별도로 '석굴암'과 '불국사'도 유네스코가 지정한 세계 문화유산 가운데 하나입니다. 이렇듯 경주는 도시 전체가 우리 민족뿐만 아니라 전 세계 인류가 함께 알고 보존해야 하는 귀중한 문화유산입니다.

는 그동안 몰랐던 경주에 대한 다양한 정보를 알 수 있었습니다. 미리는 버스에서 짬짬이 계획서를 읽었습니다.

"자, 첫 목적지인 국립경주박물관에 도착했어요."

선생님 말씀이 떨어지기가 무섭게 아이들이 우르르 버스에서 내렸습니다.

"자, 박물관을 찬찬히 돌아보고 2시간 후에 버스 앞으로 모이세요."

승준이, 미리, 현아, 자빈이는 함께 유물을 관람했습니다. 먼저 박물관 본관으로 들어갔습니다. 아이들은 휙휙, 바람이 스쳐가듯 유물을 구경했습니다. 보는 둥 마는 둥, 설명을 읽는 둥 마는 둥이었습니다. 승준이, 미리, 현아, 자빈이도 마찬가지였습니다. 슬렁슬렁 유리 안 유물을 보면서 동선에 따라 움직였습니다.

어느새 아이들은 제2관인 미술관으로 모였습니다. 그곳에서도 앞에 가는 친구를 따라 발걸음을 옮길 뿐이었습니다. 그런데 갑자기 승준이가 한 유물 앞에서 걸음을 멈췄습니다.

"너희는 먼저 가. 나는 이곳에 좀 더 있을 거야."

미리와 현아, 자빈이는 가던 길을 멈추고 승준이를 바라보았습니다.

"왜? 같이 가자."

미리는 승준이의 팔을 잡아당겼습니다.

"내가 이번에 조사했던 유물들이 여기에 있어. 이번 경주 체험학습에서는 신라 시대의 미술품에 대해 자세히 알아볼 작정이거든."

승준이는 가방에서 연필과 메모지를 꺼내 들며 말했습니다.

"신라 시대 사람들은 아주 뛰어난 예술 감각을 가지고 있었어. 그래서 '금동미륵보살반가사유상' 등 뛰어난 미술품들을 많이 만들었다고 해. 그것들이 여기에 많이 전시가 되어 있거든. 이번에 이 미술품들에 대해서 집중 탐구할 거야."

'집중 탐구?'

미리의 머릿속에 물음표가 새겨졌습니다. 승준이는 미리의 궁금증을 알아채고는 설명했습니다.

"나는 체험학습 다닐 때 모든 것을 대충 보는 것보다 주제와 대상을 정해 구체적으로 한두 가지를 살펴보는 방법을 택해. 이것저것 눈으로만 대충 살펴봐서는 하나도 남는 게 없거든. 내가 맡은 자료 조사를 하다 보니, 불교 미술은 삼국 중에서 신라가 가장 늦게 시작했는데도 6세기 이후부터는 특유한 전통을 확립하기 시작해서 많은 미술품들을 만들었다는 걸 알 수 있었어. 공부하다 보니 어떤 특징이 있을지 궁금해지더라."

미리는 고개를 끄덕였습니다.

"그렇구나. 나는 자료 조사를 하면서 대략적으로 경주에 대한 정보를 아는 데만 집중했는데……. 이 많은 유물들 중에 뭘 봐야 할지 막막했거든. 너처럼 알고 싶은 주제 하나를 정해서 집중적으로 알아보는 방법이 참 좋은 것 같다."

승준이는 연필을 들고 메모를 해 가면서 유물을 관람했습니다. 한참을 살펴보던 승준이는 가방에서 디지털 카메라를 꺼냈습니다.

"카메라까지 챙겨 왔구나. 와, 승준이 너 대단하다."
"대단하긴. 메모지에 기록도 해 둬야 하고, 이렇게 사진도 찍어 두어야 해. 다 이유가 있지."
"그 이유가 뭔데?"
"그건 다음에 가르쳐 줄게. 이제 나가자."
둘은 나오면서 성덕대왕 신종을 함께 보고 버스에 올랐습니다.
버스는 석굴암으로 향했습니다.

"조사할 때 사진으로 본 거랑 규모부터 정말 다르다."

"정말 그래. 미리 알고 와서 이름을 다 아니까 재미있더라."

이동하는 동안 미리와 현아는 조사 내용과 실제 눈으로 확인한 것을 비교하느라 이야기꽃을 피웠습니다. 어느덧 버스는 첨성대에 도착했습니다.

"여기가 동양에서 가장 오래 된 천문대인 첨성대예요. 첨성대는 선덕여왕 때 만들어졌는데 27단으로 되어 있습니다. 그 이유는 선덕여왕이 27대 왕이었기 때문이에요."

선생님의 설명을 듣고 있던 승준이는 미리를 툭 쳤습니다.

"미리야, 너 저 첨성대에 쌓여 있는 돌이 모두 몇 개인지 아니?"

"아니, 몰라."

"저 돌의 개수는 모두 361개야. 그 이유는……."

승준이가 이야기를 하려고 하자, 현아가 웃으며 답을 보탰습니다.

"음력의 1년 날 수를 뜻해. 그래서 361개를 쌓아 놓은 거야. 그리고 덧붙이자면 예전에 경주에 지진이 났을 때도 이 첨성대는 무너지지 않고 굳건하게 서 있었대."

미리는 깜짝 놀랐습니다. 명탐정 승준이도 아니고 현아가 이렇게 똑똑하게 보인 건 처음이었습니다.

"현아야, 승준이야 그렇다 치고 너는 어떻게 그걸 다 알았어?"

"어떻게 알긴. 첨성대는 내가 조사한 부분이잖아."

"아, 그렇구나."

승준이가 옆에서 고개를 끄덕이며 말했습니다.

"어때? 아무것도 모르는 채로 구경하는 거랑 미리 조사를 해서 관람하는 거랑 차이가 엄청나지? 이렇게 조사를 하면 더 재미있고, 더 자세히 알 수 있게 되는 거야."

미리와 현아, 자빈이는 미소로 답을 대신했습니다.

미리도 작년 체험학습 날과는 확실히 다른 하루를 보냈습니다. 버스에서 내리면 대충 보다가 다시 버스에 오르기 일쑤였습니다. 하지만 오늘은 미리 공부를 한 탓인지 사진으로 봤던 유적지를 볼 때마다 눈길이 한 번 더 머물렀습니다. 아무것도 모를 때는 그저 풍경처럼 보이던 것들이, 모두 다 소중한 것처럼 느껴졌습니다.

버스를 타서도 예전 같으면 눈부터 감았겠지만, 이번엔 달랐습니다. 새로 알게 된 정보를 메모하고 미리 공부한 자료와 비교해 가며 친구들과 이야기하다 보니 금방 목적지에 도착하곤 했습니다.

어둑어둑 해가 저물었습니다. 버스는 마지막 코스인 숙소에 도착했습니다. 아이들에게 가장 신 나는 시간은 이제부터 시작되었습니다. 남자아이들 방에서는 베개 싸움이 벌어졌고, 여자아이들의 방에서는 참새 떼보다 시끄러운 수다가 넘쳐났습니다.

"자, 모두 모여 봐. 내가 멋지게 찍어 줄게."

승준이는 남자 방과 여자 방을 오가면서 공식 사진사가 되었습니다. 시끌벅적한 경주에서의 밤은 아이들의 가슴에 추억의 별을 새기고 있었습니다.

다음날에는 첫날보다 더 빡빡한 일정이 기다리고 있었습니다. 천마총을 시작으로 불국사에서 석가탑, 다보탑, 그리고 문무대왕릉까지 경주 이곳저곳을 분주하게 살폈습니다.

"아쉽다. 벌써 끝나다니……."

"정말 즐거운 이틀이었던 것 같아. 경주가 오래도록 기억에 남을 거야. 승준이 네 덕분이야."

미리는 왠지 모를 뿌듯한 마음이 들었습니다. 현아와 자빈이의 얼굴에도 행복의 미소가 피어올랐습니다.

"이번 주 토요일 날 우리 집에 놀러 오지 않을래?"

아쉬운 마음이 들던 차에 승준이가 초대를 했습니다. 셋은 망설임도 없이 "그래!" 하고 입을 모아 대답했습니다.

• • •

토요일은 순식간에 찾아왔습니다.

"책이 정말 많다! 꼭 학교 도서실 같아."

미리는 승준이의 책상 앞으로 다가갔습니다. 〈승준이의 포트폴리오〉라는 제목이 붙은 커다란 파일이 눈에 띄었습니다.

"내 포트폴리오야."

"포트폴리오? 그게 뭐야?"

승준이는 친절하게 설명해 주었습니다.

"포트폴리오는 자신의 실력을 보여 줄 수 있는 작품이나 자료 등을 정리한 수집철 또는 작품집을 말해."

미리는 포트폴리오가 뭔지 이해가 잘 되지 않았습니다.

"쉽게 이야기하면 체험학습 기록물이나 관찰 보고서를 잘 정리해서 모아 둔 거야. 기록을 남겨 두지 않으면 금방 잊어버리기 일쑤잖아. 나는 여행을 하거나 체험학습을 다녀온 후에는 꼭 이 포트폴리오 파일에 감상을 남겨 두곤 해."

승준이의 포트폴리오를 펼치니 경주 견학문이 나왔습니다. 〈승준이의 경주 문화유산 답사기〉라는 제목이 커다랗게 적혀 있고, 그 밑에는 여러 장의 사진들이 붙어 있었습니다.

"와, 우리가 성덕대왕 신종 앞에서 찍은 사진도 있네."

사진 밑에는 사진 설명과 그때의 상황이 자세히 기록되어 있고, 거기다 사진을 찍은 시간까지 꼼꼼하게 적혀 있었습니다. 체험학습을 가기 전 공부한 내용과 비교해 가며 새로 알게 된 내용도 자세하게 설명해 놓았습니다. 다음 장을 넘겼습니다. 그 페이지에는 승준이가 마이크를 들고 있는 그림이 그려져 있었습니다.

아이들은 입이 딱 벌어졌습니다.

"정말 자세하게 적었다!"

"다른 친구들의 체험학습 보고서와는 전혀 다른걸."

승준이의 국립경주박물관 답사
●기자가 된 나의 모습으로 박물관 알아보기

윤승준 기자, 지금 어디에 있습니까?

네, 저는 지금 신라의 숨결이 살아 숨쉬는 경주에 와 있습니다. 현암 초등학교 4학년 학생들이 경주로 체험학습을 떠나게 되어 동행하게 되었습니다.

시청자들을 위해 그곳의 유물에 대한 설명을 부탁합니다.

네, 저는 지금 국립경주박물관의 미술관 앞에 서 있습니다. 오늘은 신라 시대의 미술품들에 대해 자세히 설명해 드리겠습니다.

먼저 **얼굴무늬 수막새** 입니다.
'얼굴무늬 수막새'는 경주를 대표하는 상징 중의 하나로 '신라의 미소'로 불리기도 합니다. 6~7세기경 신라에서 만들어진 것으로 추측되는데, 수막새는 집의 처마를 장식하는 무늬를 새겨 넣은 기와를 말합니다.
경주에 오면 곳곳에서 볼 수 있는 캐릭터이며 유명한 경주빵의 상표이기도 합니다.

다음은 〈녹유 사천왕상전〉입니다.
녹유 사천왕상전은 신라시대의 유명한 사찰 중 한 곳인 사천왕사(679년 완성) 터에서 발굴된 것입니다. 사천왕은 신라를 지키는 상징으로 사람들은 이것을 보면서 나라의 어려움을 이겨 냈다고 합니다. 이 사진은 1936년 출토된 하반신인데 2006년에 상반신이 출토되어 70년만에 하나로 합쳐졌습니다.

네, 친절한 설명 감사드립니다.

아이들은 승준이의 포트폴리오를 더 넘겨 보았습니다. 포트폴리오 안에는 사진과 글이 잘 조화된 일기 형식의 보고서, 안내문 형식의 보고서 등이 넘쳐났습니다.

"어떻게 이런 걸 만들 생각을 했니?"

"그러게, 숙제도 아닌데 이렇게 정성 들여 적는 이유가 뭐야?"

승준이는 알 듯 모를 듯한 미소를 지었습니다.

"국립경주박물관에서 미리 네가 물었었지? 왜 가는 곳마다 메모를 하고, 카메라를 들고 사진을 찍느냐고."

"응, 그랬지."

승준이의 눈이 반짝거리기 시작했습니다.

"내가 메모를 하고 사진을 찍으며 이렇게 포트폴리오를 만드는 건 미래의 내 꿈을 이루기 위해서야. 내 꿈은 기자가 되는 거야. 기자가 되기 위해서는 항상 취재하는 습관을 가지고, 그것을 글로 써 보는 연습을 해야 하거든. 그리고 직접 쓴 기사도 이렇게 모아 두어야 하고."

아이들은 그제야 승준이가 왜 평소에 연필과 메모장을 들고 다니는지 알게 되었습니다.

"이 포트폴리오는 나의 꿈 기록장과 같아. 나는 기자가 될 거라서 신문방송학과에 갈 거야. 그 과에 들어가려면 어린 시절부터 이렇게 체험학습을 갈 때 보고서를 쓰거나, 안내문을 써 두면 유리할 거란 생각이 들었어."

승준이의 말에 아이들은 더욱 진지해졌습니다.

"나는 포트폴리오를 만들면서 기자가 될 수 있는 실력을 키워 가고 있어."

승준이는 공부 내용들을 정리하면서 미래의 꿈에 대한 발판을 마련해 가고 있었습니다. 포트폴리오는 승준이에게 기자라는 꿈을 이루어 주는 보물 상자였습니다.

아이들은 그제야 왜 승준이가 메모를 중요하게 여겼는지 이유를 알았습니다. 그리고 벌써 승준이가 이미 기자가 된 것처럼 어른스럽게 보였습니다.

집으로 돌아가는 미리의 머릿속은 무언가가 뻥 뚫리는 느낌이었습니다. 처음에는 포트폴리오라는 단어가 낯설기만 했는데, 승준이가 가르쳐 준 의미를 더듬으니 이제 포트폴리오와 친해져야겠다는 생각에 가슴이 두근거렸습니다.

'그동안 나는 구체적으로 꿈에 대한 준비를 확실하게 하지 못한 것 같아. 그래, 나도 외교관이 꿈이니까 나만의 포트폴리오를 지금부터 차근차근 만들어 가야지!'

그날 이후 '포트폴리오', '보물 상자'라는 두 단어는 미리의 가슴에 깊이 새겨졌습니다.

포트폴리오의 달인, 승준이에게 물어봐!

비장의 체험학습 포트폴리오를 만드는 법

포트폴리오(portpolio)는 자신의 경험과 관심, 능력을 보여 주는 모든 것들의 작품집을 말해. 나만의 포트폴리오를 만들어 보는 건 어떨까? 체험학습에서 보고, 듣고, 배운 내용을 정리하는 것부터 시작해 보자. 체험학습은 학교 수업과는 다른 뛰어난 효과를 얻을 수 있어. 직접 경험하면 훨씬 더 실감나는 공부를 할 수 있거든. 교과서의 빈틈을 메워 주는 확실한 방법이지!

준비 체험학습 계획을 철저하게 세우기

학습 주제를 결정하고, 장소를 정하며, 학습 방법을 계획하고 준비하는 단계야. 이때는 꼭 계획서가 필요해. 체험학습 계획서는 찾아가고자 하는 곳의 자료를 찾아 무엇을 어떻게 공부하겠다는 계획을 세우는 것을 말해. 앞에서 내가 미리와 친구들에게 나눠 준 '체험학습 계획서'가 훌륭한 본보기라고 할 수 있겠지?

뚜렷한 목표가 없으면 단지 '재미있었다' 정도의 느낌으로 끝날 수 있어. 이 단계에서는 꼭 체험학습에서 무엇을 배우고 오겠다는 뚜렷한 목표를 세우도록 하자!

1 출발 장소 정하기

체험학습 장소는 교과서에서 쉽게 힌트를 얻을 수 있어. 4학년 과학 시간에서 배우는 별자리를 좀더 열심히 알아보기 위해 천문대를 방문할 수도 있고, 사회 교과서에 나오는 박물관 종류와 하는 일 조사를 위해 박물관을 관람할 수도 있어.

국립 시설은 교통도 편리하고 다양한 프로그램이 많아 훌륭한 체험학습 장소가 돼. 미술관, 박물관, 궁궐 등을 관람할 때에는 도슨트(관람객들에게 전시물을 설명하는 안내인)나 궁궐 지킴이들의 도움을 받으면 좋단다.

2 출발 시각, 이용하는 교통편, 소요 시간, 도착 시각 등 메모하기

장소를 정했다면 어떻게 갈 수 있는지 정보를 파악해야겠지? 인터넷에 접속하기만 하면 지역별로 버스, 기차 시간이 자세하게 나와 있어.

3 홈페이지를 샅샅이 살펴 사전 정보 얻기

장소의 위치, 유래, 주변의 자연 경관, 문화재, 문화 행사 등 사전 정보를 충분히 찾아보는 게 좋아. 해당 홈페이지에서 체험학습지나 안내 책자 등을 다운로드 받을 수도 있어. 미리 관련 도서를 찾아 읽어 보는 것도 좋아.

4 그곳에 왜 가는지 목표를 분명히 생각해 보기

가서 무엇을 보고, 알고 올 것인지 구체적으로 생각해 보는 것이 좋아. 교과서 단원과 연결된 곳을 가게 된다면, 학습 단원과 관련 있는 내용을 살펴보고 스스로 질문지를 만들어 보자. 체험학습을 떠나기 전에 학습 목표를 구체적으로 생각해 두면, 훨씬 알찬 체험학습을 할 수 있다는 걸 명심해.

또는 특별히 집중 공부할 주제 하나를 정하는 것도 좋아. 많은 것을 다 알 수 없을 경우에는 꼭 필요한 공부 하나만 하는 것도 현명한 방법이거든. 예를 들어 국립중앙박물관으로 체험학습을 간다면, 시대별 다양한 역사 유물들이 많지만 그중에서 '석기와 토기의 변화 과정'을 주제로 잡고 집중적으로 알아보고 올 수 있어.

또 조사를 하는 과정에서 새롭게 궁금한 점이 생겼다면, 어디서 무엇을 보며 해결할 수 있을지 미리 생각해 보는 것이 좋아. 현장에 가서 찾으려면, 시간도 많이 걸리고 오래 걸어야 해서 다리가 아플 수 있거든. 박물관에는 시대별로 전시관을 나누어 놓고 있으니까, 어느 시대 전시물을 주의 깊게 볼 것인지 전시관의 위치를 미리 알아 두면 좋을 거야.

체험 현장에서 보고 듣고 배우기

이제 체험학습을 떠나야겠지? 하나도 놓치지 않고 다 보겠다는 부담을 가지기보다는, 하나라도 확실히 알고 오겠다는 각오를 다지는 것이 좋아. 오고 가는 차 안에서 잠만 자지 말고 바깥 풍경을 살펴보도록 하자. 가는 길을 알아 두는 것도 중요한 정보가 되거든.

1 체험학습 계획서를 다시 한 번 살펴보고 시작하자.
사진이나 글로만 봤던 현장을 실제로 보면 더 실감 날 거야. 준비 단계에서 정했던 학습 주제를 떠올리며, 꼭 보고 올 것으로 정했던 목록부터 차근히 살펴보도록 하자.

2 궁금했던 점을 떠올리면서 현장 체험을 하자.
미리 준비한 디지털 카메라로 사진을 찍거나 메모가 어려울 땐 음성 녹음이나 동영상을 녹화하자. 새로 알게 된 점은 수첩에 메모해 두는 것이 좋아.

3 자료를 모으자.
입장권이 있을 경우엔 버리지 말고 자료로 활용하도록 하자. 투명한 지퍼백을 준비해 안내 책자, 입장권, 톨게이트 영수증, 유적지 사진, 프로그램 참여 사진까지 넣어 두자. 나중에 체험학습 보고서를 작성할 때 떠올리지 못한 내용까지 찾아 주는 길잡이 역할을 하거든.

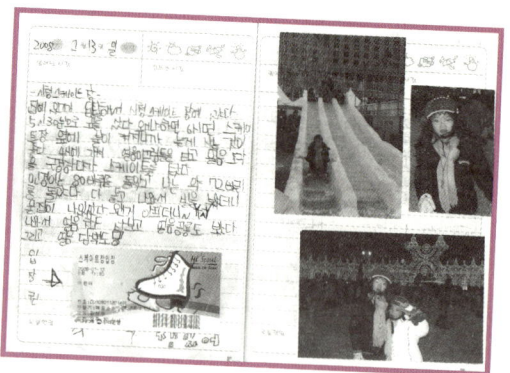

4 현장에서 기념 사진을 많이 찍자.
조사 활동을 하는 친구들의 모습을 찍어 두면 현장의 모습을 기억하기 쉬워. 또 재미있었던 체험학습의 추억도 남길 수 있어.

기록 포트폴리오 만들기

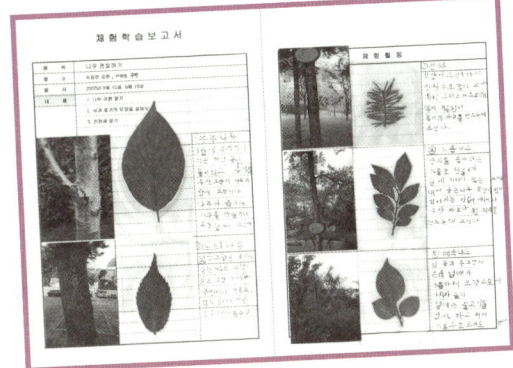

체험학습을 다녀오면 바로 포트폴리오 만들기에 돌입하자. 시간이 오래 지나면 체험학습 활동 때 보고 느꼈던 감동이 사라질 수 있거든.

우선 학교에 제출해야 하는 '체험학습 보고서' 양식을 활용해 펼침면으로 정리하는 방법이 있어.

왼쪽에는 제목, 장소, 일시, 사전 조사 내용, 체험활동 개요, 느낀 점 등을 적어 체험학습의 전체적인 흐름을 한눈에 볼 수 있도록 기록해. 그리고 오른쪽에는 체험학습의 세부 내용을 기록하는 거야. 체험활동 과정에서 느낀 점, 새로 알게 된 내용 등을 사진과 안내 책자 등을 참고해서 적을 수 있어.

포트폴리오는 다양한 형태로 만들 수 있어. 더 욕심내서 새로운 형식의 포트폴리오를 만들면 신선하겠지? 그날의 생생한 경험을 더듬어 그림을 그리거나, 관심 있는 물건을 직접 만들어 보는 것도 개성 있는 방법이 될 수 있어. 큰 전지에 그림과 지도를 그려 가며 정리할 수도 있고, 문화재 신문을 만들 수도 있어. 이때, 직접 녹음한 자료나 사진이 있다면 더 실감 나겠지? 다양한 자료를 바탕으로 기록문을 적으면 살아 있는 체험학습 포트폴리오가 될 거야.

교내외 활동(사회 봉사, 클럽 활동, 단체 활동)에서 가장 소중했던 경험을 소개하고, 그 경험이 자신의 성장에 어떤 의미가 있었는지 설명해 보세요.

-**서울대**(기회 균형, 지역 균등, 특기자 전형 자기소개서)

입학사정관제 준비 4

타인을
배려하는 법을
배워라

봉사 활동의 달인

"미리야. 집에 가기 전에 6학년 3반 선생님께 이 서류 좀 갖다 드리렴."

"네, 알겠습니다."

선생님의 심부름은 늘 신 나는 일입니다. 다른 아이가 아니라 나에게 심부름을 시킨다는 사실, 그것은 선생님이 나에게 관심이 많다는 뜻이기 때문입니다.

미리는 6학년 교실이 있는 옆 건물로 가서 선생님께 서류를 전달했습니다. 뿌듯한 마음으로 인사를 하고 교실을 나오는데, 어디선가 경쾌한 소리가 들려왔습니다.

"갱지 갱지 갱지개갱."

복도를 따라 울리는 꽹과리 소리가 미리의 귀를 끌어당겼습니다. 그

소리는 지하실에서부터 울려 퍼지고 있었습니다. 미리는 소리 나는 쪽으로 조심스럽게 발걸음을 돌렸습니다. 꽹과리 소리가 점점 가까워지고 있었습니다.

소리가 나는 지하실 앞에 다다랐습니다. 미리는 발꿈치를 살짝 들어 창문 너머로 교실을 들여다보았습니다.

"어, 진아 언니잖아!"

6학년 언니 오빠들이 모여 징, 장구, 북, 꽹과리를 치고 있었습니다. 꽹과리를 치고 있는 사람이 진아 언니였습니다. 맨 앞에 서서 장단을 시작하고 박자를 맞추며 주도하고 있었습니다.

미리와 같은 동네에 살고 있는, 재주가 많기로 유명한 언니입니다. 노래도 잘 부르고 춤도 잘 춰서 인기가 아주 좋습니다. 미리는 그런 언니가 부럽고 좋아서 곧잘 따르곤 했습니다.

'무슨 대회라도 있는 모양이네.'

땀을 뻘뻘 흘리며 신 나게 연주하고 있는 모습을 보고 있자니 복도까지 뜨거운 열기가 전해지는 것 같았습니다. 사물놀이의 장단에 맞춰 미리의 어깨도 들썩들썩 춤을 추었습니다.

한참 동안 사물놀이 장단에 푹 빠져 있던 미리는 시계를 보곤 서둘러 학교를 빠져나왔습니다.

• • •

토요일 오전, 미리는 골목에서 자전거를 타고 놀고 있었습니다. 그때 진아 언니가 꽹과리를 손에 들고 어디론가 바삐 가고 있었습니다.

"언니!"

"미리구나. 오랜만이네."

"응, 그런데 어디 가요?"

진아 언니는 잠깐 뜸을 들이곤, 검지를 입술에 대며 대답했습니다.

"비밀이야."

미리는 답을 듣지 못하자 입술을 삐쭉 내밀었습니다.

"알려 주면 안 돼요, 언니? 그거 들고 어디 가는 거예요?"

"하하하, 그렇게 궁금하면 나를 따라오시던지."

미리는 그날의 열기가 떠올랐습니다. 얼른 자전거에 올라타 진아 언니를 졸래졸래 따라갔습니다. 언니가 도착한 곳은 뜻밖에도 학교 교문 앞이었습니다. 오늘은 놀토라 교문이 굳게 닫혀 있었습니다.

"얘들아, 다 나와 있구나."

교문 앞에는 언니의 친구들이 기다리고 있었습니다. 모두의 손에는 징과 북이 들려 있었습니다. 며칠 전 지하실에서 함께 연습하고 있었던 오빠들이었습니다.

"우리 동네에 사는 미리야. 오늘 우리 따라간대."

"어, 안녕?"

미리는 쑥스러워서 얼굴이 빨개졌습니다. 오빠 한 명이 재촉하듯이 말했습니다.

"야, 서두르자. 할머니 할아버지들 기다리시겠다."

'할머니 할아버지가 기다리신다고?'

미리는 어떤 상황인지 이해되지 않았습니다. 어리둥절해진 미리는 다른 언니 오빠들의 눈치를 살피며 자전거 바퀴를 굴렸습니다.

"언니, 지금 어디에 가는 거예요?"

"옆 동네의 경로당에 가고 있어."

'경로당? 꽹과리를 들고 경로당에는 왜 가는 거지?'

자전거 페달을 밟으면서 머리를 굴려 보았지만 뾰족한 해답이 나오지는 않았습니다.

"안녕하세요?"

"오냐, 너희 왔구나. 이게 얼마만이냐."

"준비할 게 많아서 오랜만에 왔어요."

경로당에 들어가니 할머니 할아버지들이 동그랗게 모여 앉아 계셨습니다. 언니와 오빠가 징, 북, 장구를 하나씩 들고 그 앞에 섰습니다. 꽹과리를 든 진아 언니가 큰 소리로 인사를 했습니다.

"안녕하세요? 그동안 잘 지내셨죠? 지난번에 공연했던 현암 초등학교 6학년 사물놀이단 〈다솜〉입니다. 오늘도 할머니 할아버지들께 즐거운 공연 보여 드리도록 노력하겠습니다."

그리곤 잠시 침묵하더니, '개개갱갱갱!' 하고 꽹과리를 경쾌하게 치기 시작했습니다. 언니 오빠들이 서로 눈짓을 주고받자, 곧 흥겨운 사물놀이 소리가 경로당에 울려 퍼졌습니다.

어느 때는 빠르게 어느 때는 느리게 리듬이 생기자, 경로당의 열기는 뜨거워졌습니다. 가만히 앉아 계시던 할머니 할아버지들의 어깨가 들썩거리기 시작했습니다. 급기야 한 할아버지가 일어나 '얼쑤' 하며 춤을 추었습니다. 파도가 넘실거리듯 어깨 춤사위가 여기저기서 넘실거렸습니다. 사물놀이 가락은 더욱 빨라졌습니다. 경로당은 흥으로 잔뜩 고조되었습니다. 신명 나던 사물놀이는 진아 언니의 꽹과리 소리가 잦아들자 천천히 멈췄습니다.

"앵콜!"

흥분이 가시지 않은 탓인지 한 할아버지께서 장난스럽게 앵콜을 외쳤습니다.

"한 곡 더 울려 주쇼!"

미리도 아쉬움이 코끝까지 밀려왔습니다. 할머니 할아버지들의 박수가 멈추지 않았습니다.

"와, 정말 대단했어요. 언니, 언제 이런 실력을 갖춘 거예요?"

진아 언니는 땀을 닦으며 말했습니다.

"우리가 함께 사물놀이 공연을 시작한 지 1년이 넘었을걸? 잠시만, 우리 할 일이 아직 남았거든. 나중에 이야기하자. 미리 너도 우리를 도와 줄래?"

미리 언니는 꽹과리를 정리하고는 할머니 할아버지를 향해 소리쳤습니다.

"이제 잠시만 밖에 나가 계세요. 저희가 깨끗하게 청소해 드릴게요!"

언니 오빠들은 경로당 구석에 있는 빗자루와 먼지털이, 걸레를 하나씩 집어 들었습니다.

"미리야, 너는 걸레 빨아 와."

미리는 걸레를 받아 들고 수돗가로 뛰어갔습니다.

"아이고, 아이들 덕분에 시간 가는 줄 모르고 놀았구먼."

"매번 이렇게 찾아와 주고 어찌나 고마운지. 우리 손주도 저만큼 컸으려나."

멀리서 할머니들의 대화가 미리의 귓가를 간지럽혔습니다. 미리는 절로 웃음이 났습니다. 한 일은 없지만 기쁨을 함께 나눌 수 있다는 것만으로 기분이 좋아졌습니다.

미리는 걸레를 깨끗이 빨아서 얼른 경로당 안으로 들어갔습니다.

'나는 한 게 없으니 청소라도 열심히 해 드려야지!'

미리는 유리창을 닦기 시작했습니다. 주방에 있는 그릇들을 설거지하고, 묵은 먼지도 폴폴 털어 냈습니다. 청소에 열중하고 있는 미리는 자신의 모습이 어색하게 느껴졌습니다. 선생님이 시켜서 교실 청소할 때는 마지못해 대충대충 하곤 했는데, 오늘은 이렇게 신바람이 나니 신기한 일입니다. 언니 오빠들도 휘파람을 불어 가며 즐겁게 청소를 하고 있었습니다.

"짠! 청소 끝났어요. 어서 들어오세요."

경로당에 들어서는 할머니 할아버지의 얼굴에는 웃음꽃이 활짝 피어났습니다. 덩달아 미리도 기분이 상쾌해졌습니다. 얼떨결에 따라와 얼떨결에 공연을 보고 얼떨결에 청소까지 한 미리. 난생 처음 해 보는 경험들로 '보람'이라는 단어가 가슴에 와락 안겼습니다.

• • •

하늘이 깨끗이 샤워를 한 듯 구름 한 점 없던 날, 언니 오빠들과 집으로 걸어가면서 미리의 가슴은 뿌듯함으로 가득 채워졌습니다.

"언니, 예전에도 여기 온 적이 있어요?"

"응, 올해 초에도 왔었어. 자주 들르고 싶은데 다른 경로당과 양로원에도 가느라고……."

"예? 다른 곳에도 간다고요?"

진아 언니는 미리가 놀라는 표정을 보고는 피식 웃었습니다.

"우리 사물놀이패는 남규의 제안으로 시작했어. 봉사 활동에 관심 있는 친구들이 모여서 팀을 꾸리게 됐지."

미리는 고개를 끄덕였습니다. 문득 진아 언니가 어떻게 봉사 활동을 하게 되었는지 궁금해졌습니다.

"1년 전에 TV를 보다가 우연히 〈희망 TV 기아체험〉이라는 프로그램을 보았어. 먹을 것이 없어 굶어 죽는 아프리카 아이들의 모습이 비추어졌는데, 마음이 너무 아파서 눈물이 나더라. 그때 그런 생각이 들었어. 오늘 내가 먹은 떡볶이 값이면 저 아이들을 살릴 수 있을 텐데……."

"에이~, 떡볶이 값이 얼마나 한다고요!"

"천 원이 아프리카에서는 얼마나 큰 힘을 발휘하는데! 과자 한 봉지 사 먹을 수 있는 돈이면 아프리카에서 설사로 죽어 가는 아이 한 명을 살릴 수 있는 링거액을 살 수 있대. 그리고 다섯 명의 어린이에게 소아마비 예방접종과 홍역 예방접종을 할 수도 있고, 시력을 좋게 해 주고 질병을 막을 수 있는 비타민A 캡슐을 80개나 구입할 수 있대."

미리는 깜짝 놀랐습니다.

"와, 정말 우리나라 돈 천 원으로 그렇게 엄청난 일들을 할 수 있어요?"

진아 언니는 세차게 고개를 끄덕였습니다.

"그때부터 용돈을 조금씩 모아서 아프리카 친구들에게 보냈어. 부모님과 함께 돈을 합쳐 우리 가족 이름으로 유니세프라는 단체에 기부하기 시작한 거야."

진아 언니는 흥분한 표정으로 말을 이었습니다.

"기부를 시작했는데, 신기하게도 참 기분이 점점 좋아지는 거야. 나도 누군가에게 도움이 될 수 있다는 걸 깨닫고 나니, 더 많은 사람들과 나누고 싶어지더라고. 그래서 내가 할 수 있는 봉사 활동이 무엇인지 곰곰이 고민하기 시작했어. 그때 우연히 남규를 만났어."

미리는 봉사 활동과 사물놀이패가 잘 연결되지 않았습니다.

"그런데 왜 사물놀이패를 만들었어요? 다른 봉사 활동도 많을 텐데."

진아 언니의 눈이 반짝였습니다.

"미리야, 너 혹시 내 꿈이 뭔지 알고 있니?"

"알죠. 언니는 전교에서 유명하잖아요. 언니의 춤 실력과 노래 실력을 모르는 친구가 어디 있어요. 언니 꿈은 당연히 연예인 아니에요?"

"그래, 맞아. 내 꿈은 멋진 가수가 되는 거야. 범생아, 미리에게 네 꿈이 뭔지도 말해 줘."

진아 언니는 옆에서 걷고 있던 남규 오빠를 팔꿈치로 툭 쳤습니다.

"내 꿈? 난 의사가 되고 싶어."

사물놀이? 가수? 의사? 미리는 이 단어들에서 도무지 연관성을 찾을 수 없었습니다.

"우리가 봉사 활동을 하자고 마음먹고 나서 어디서 봉사 활동을 할까, 고민을 많이 했어. 이것저것 하기보다는 꾸준히 계속할 수 있는 것을 찾아보자는 데 의견을 모았지. 그러다가 경로당을 생각해 냈어. 나는 어른이 되면 의료 봉사 활동을 하고 싶거든. 아픈 사람을 돕고, 할머니 할아버지들을 위로해 드리고 싶어."

진아 언니가 남규 오빠의 말을 이었습니다.

"장소를 결정하고 나서는 뭘 어떻게 할지 모르겠더라고. 근데 내 꿈이 가수니까 사람들 앞에 나서서 공연하는 것이 좋겠더라."

잠자코 듣고 있던 한솔 오빠가 거들었습니다. 아까 북을 신 나게 쳤던 오빠였습니다.

"할머니 할아버지들은 사물놀이를 좋아하시잖아. 그래서 지금의 〈다솜〉 사물놀이패를 만들게 된 거야."

그제야 미리의 머릿속에는 톱니바퀴가 맞아 돌아가듯 모든 상황이 이해되었습니다. 진아 언니가 옆에 있던 남규 오빠를 가리키며 피식 웃으며 말했습니다.

"처음에는 다섯이서 모두 사물놀이를 했어. 그런데 남규가 장단을 못 맞추는 거야. 자꾸 어긋나서 결국 사물놀이패에서 빠졌어. 탈락이지 뭐. 사물놀이는 4명에서 하는 건데 원래대로 된 거지."

옆에 있던 다른 언니 오빠들도 킥킥 웃었습니다.

"야, 그래도 내가 얼마나 중요한 역할을 하는데! 경로당, 노인정에

연락하고, 스케줄 잡고, 사진으로 기록하고 남기는 게 바로 나잖아. 이래 봬도 없어선 안 되는 존재라고!"

"그래. 인정한다, 인정해."

남규 오빠의 말에 모두 함박웃음이 터졌습니다.

"남규가 박자 감각은 없어도 꼼꼼하긴 해. 남규는 〈1013 포토북〉이라는 것도 만들어서 기록으로 남기고 있거든."

"〈1013 포토북〉은 뭐예요?"

남규 오빠가 어깨를 으쓱했습니다. 우리는 길가 벤치에 앉아 남규 오빠의 포토북을 구경했습니다.

"나의 봉사 활동 기록이야. 10살 때 봉사 활동을 시작하면서부터 모든 것을 기록하고 있어. 사진도 찍고 자세하게 이야기도 적어 넣고. 초

등학교를 졸업하는 13살 때까지 〈1013 포토북〉을 계속 만들어서 나만의 멋진 기록물로 남겨 둘 계획이야."

미리는 남규 오빠가 멋져 보였습니다.

"처음에는 봉사 활동을 하면서 느낀 점을 기록하는 것에만 목표를 두었는데, 이렇게 감상을 적으니까 점점 내 진로에 대해 더 큰 확신이 들었어. 기뻐하는 할머니 할아버지들을 보면서 꼭 의사가 되고 싶다는 생각이 간절해졌거든."

미리는 언니 오빠들이 부러워졌습니다. 그동안 봉사 활동은 힘들고 어려운 일이라는 생각에 시도할 마음도 갖지 못했는데, 언니 오빠들의 이야기를 듣다 보니 당장이라도 봉사 활동이 하고 싶어졌습니다.

"언니, 나도 끼워 주면 안 돼요? 언니 오빠들처럼 봉사 활동 다니고 싶어요."

"에이, 그건 안 돼. 그냥 단순하게 '나도 봉사 활동 해야지.' 하고 서두르는 건 좋은 방법이 아냐. 사물놀이를 배우는 것도 쉬운 일이 아니고. 넌 수업 마치는 시간이 우리와 달라 함께 연습하기도 어렵잖아. 네가 할 수 있는 봉사 활동을 생각해 봐. 보람을 느낄 수 있고, 너의 꿈에 도움이 되는 일이면 더욱 좋을 거야."

미리는 약간 서운했지만 진아 언니의 말을 듣고 보니 옳다는 생각이 들었습니다.

"내가 꼭 말해 주고 싶은 게 있어. 어떤 봉사 활동을 하느냐보다 어떤 마음가짐으로 하느냐가 더 중요해. 많은 아이들이 봉사 활동은 나보다 못한 사람을 위해 내 소중한 시간과 노력을 할애하는 것이라고 생각하는 것 같아. 하지만 이런 생각은 봉사 활동을 막는 장애물이 될 수 있어. 봉사 활동은 내가 더 즐거워질 수 있도록 함께 나누는 거야. 남에게만 주는 것이 아니라, 함께 나누면서 내가 더 행복을 느낄 수 있거든."

• • •

언니 오빠들과 헤어져 집으로 가면서 미리는 많은 생각이 들었습니다. 방으로 들어와 오늘 있었던 일을 떠올려 보았습니다. 가슴 안쪽에서 모락모락 모닥불을 피운 듯 따뜻함이 피어올랐습니다.

'음, 초등학생인 내가 할 수 있는 봉사 활동에는 어떤 게 있을까? 크고 거창한 것이 아니라 생활 속에서 실천할 수 있는 작은 것부터 생각해 봐야겠어.'

미리는 종이 한 장을 꺼내 놓고 생각에 잠겼습니다.

'먼저 우리 동네에서 할 수 있는 일부터 생각해 볼까? 그래, 일주일에 한 번씩 재활용 쓰레기 분리수거를 해야 하잖아. 바쁜 주민들을 위해서 쓰레기 분리수거를 돕는 거야. 환경 문제도 해결할 수 있고 사람들도 도울 수 있을 거야.'

미리는 〈쓰레기 분리수거 봉사 활동〉이라고 적어 보았습니다.

'골목에 있는 나무들과 꽃들에 이름표를 달아 주는 것도 괜찮을 것

같은데.'

　처음에는 아무것도 생각나지 않았는데, 하나가 떠오르니 다양한 아이디어들이 꼬리에 꼬리를 물고 떠오르기 시작했습니다. 고아원에서 동생들과 놀기, 벼룩시장 행사하기, 장애인 스포츠 활동 돕기, 복지 시설 방문하기, 도서관에서 책 정리하기, 병원 안내 도우미 하기……. 하얀 종이가 까맣게 메워지기 시작했습니다.

　'내가 할 수 있는 일이 이렇게 많다니…… 외교관도 우리 국민에게 봉사하는 일이잖아. 봉사 활동이 꿈과도 관련이 있는 일이구나.'

　미리는 봉사 활동을 하는 것이 꿈으로 다가가는 작은 발걸음이 되는 것 같아 더 기뻤습니다. 깜깜한 어두운 방에서 작은 형광등 하나가 온 방을 밝히는 것처럼, 막막하기만 했던 미리의 가슴속도 환해졌습니다.

　'작은 봉사 활동부터 시작해 보자. 그리고 차근차근 초등학생 시절을 기록해 나가는 거야. 남규 오빠의 〈1013 포토북〉처럼 멋진 기록으로도 남겨 둬야지!'

　오늘 하루 있었던 봉사 활동을 생각하며 잠자리에 든 미리는 세상에서 가장 푸근한 잠을 잤습니다.

봉사활동의 달인, 진아에게 물어봐!

봉사 활동은 습관처럼!

나는 경로당에서 봉사 활동을 하면서 행복해하시는 할머니 할아버지들을 보고 '나눔'의 진정한 의미를 깨달을 수 있었어. 주변을 둘러볼 줄 아는 따뜻한 마음을 배우게 된 거지. 다른 사람과 함께 기쁨을 나누다 보면, 몸은 힘들어도 마음은 몇 배 큰 보람을 느낄 수 있어. 우리 함께 시작해 볼까?

봉사 활동은 고아원이나 양로원, 장애인 복지 시설, 꽃동네 봉사 활동, 독거 노인 말벗 해드리기, 나무 심기 등 가치 있는 활동이 무척 다양해.

다음 사이트에 방문해 보고, 너에게 맞는 봉사 활동은 어떤 것인 생각해 봐.

나의 꿈에 맞는 봉사 활동 관련 사이트

봉사에 관련된 인터넷 사이트를 통해 자신의 꿈에 맞는 봉사 활동을 선택하고 직접 참여해 보자. 내가 잘할 수 있는 일도 좋고 더 많이 나눌 수 있는 일, 보람을 느낄 수 있는 일 등을 고려해야 돼. 내가 꿈꾸는 직업에 맞는 봉사 활동으로 시작하면 좋겠지?

청소년 자원봉사 활동 정보서비스 www.dovol.net	봉사네트 www.bongsa.net
한국 청소년 진흥 센터 www.all4youth.net	복지미 www.bokjimi.co.kr
볼런티어 21 www.volunteer21.org	사랑의 열매 www.chest.or.kr
한국 자원봉사 교육협회 www.kvea.or.kr	파라미타 청소년 협회 www.paramita.or.kr
서울시 교육청 학생 봉사 활동 bongsa.kkulmat.com	한국 청소년 단체 협의회 www.ncyok.or.kr

나는 미래에 어떤 봉사 활동을 하는 사람이 될까? 〈세상을 따뜻하게 하는 나의 뉴스〉를 만들어 보면서 상상해 보자. 미래의 내 모습을 떠올려 보고 나의 직업에 걸맞는 봉사 활동을 하는 멋진 모습을 떠올릴 수 있을 거야.

작성 방법
- 내가 선택한 직업을 먼저 적고, 그 직업을 선택한 까닭을 간략하게 적는다.
- 자신이 신문 기자가 되었다고 생각하고 신문 기사를 적어 본다.
  예) 영화감독이 꿈이라면, 어려운 이웃들의 모습을 영화로 찍는 기사
       운동선수가 꿈이라면, 장애인의 재활 운동을 돕는 기사
- '누가, 언제, 어디서, 무엇을, 어떻게, 왜'라는 내용을 넣어 작성한다.

세상을 따뜻하게 하는 나의 뉴스

- **내가 선택한 직업**
  연예인

- **그 직업을 선택한 까닭**
  슬퍼하는 모든 친구들에게 웃음을 주고 싶다

- **기사**

  한국 연예인이 아프리카에서 뜻깊은 공연 펼쳐

  연예인 이진아 씨가 기아에 허덕이고 있는 아프리카 친구들을 위해 자선 공연에 나섰다. 이진아 씨의 감동적인 노래와 멋진 춤은 슬픔에 잠겨 있던 아프리카 친구들에게 기쁨을 선사해 주었다.

자신이 읽었던 책들 가운데
가장 인상 깊었던 책 3권을 선택하고,
그 책을 선택한 이유를 쓰세요.

- 건국대(KU 입학사정관 전형 자기소개서)

> 입학사정관제 준비 5

나를
어떻게 알릴까

표현의 달인

학기 말이 되자 많은 변화가 일어나기 시작했습니다. 공부를 잘하는 친구들의 관심사가 모두 한 곳으로 쏠렸습니다. 바로 '영재원'이었습니다. 교육청에서 실시하는 영재 선발은 공부 잘하는 아이들이라면 반드시 거쳐 가는 코스 같았습니다.

"너는 어느 영재원 지원할 거야?"

"나는 수학 영재원에 지원하려고."

"넌 수학보다 과학을 더 좋아하고 잘하잖아?"

"이번에 찬웅이가 과학 영재원에 지원한대. 내가 성적이 뒤지니까 수학 영재원이 유리할 것 같아서……. 아무 영재원이나 들어가면 되지 뭐. 수학이든, 과학이든, 정보 영재든 어디든."

아이들은 재능이나 흥미를 고려하기보다는 영재원 '입학'에만 관심을 두고 있었습니다. 누가 어디에 지원하는지 저마다 눈치 작전을 펼치고 있었습니다.

미리는 이미 6개월 전부터 머릿속으로 영재원에 대한 지도를 그려 왔습니다. 꿈이 무엇인지 고민할 때 '내 안의 잠재력은 무엇일까?'를 깊이 생각해 보곤 했습니다.

'나는 성적이 좋지 않아. 또 수학, 과학, 정보 영재원은 나의 적성과 취미에 맞지 않은 곳이야. 나의 꿈에 가장 가까이 갈 수 있는 영재원은 바로 문예창작 영재원이야. 나는 공부를 뛰어나게 잘하지는 않지만, 어린 시절부터 누구보다도 책을 많이 읽어 왔어. 아빠 말씀대로 그동안의 독서량 덕분에 상상력이 풍부해지고 문장력도 좋아졌다고 자부해. 그리고 나의 꿈인 외교관이 되기 위해서는 뛰어난 토론 능력, 표현 능력, 글쓰기 능력이 필요해. 그러니까 나의 꿈에 파란불을 밝혀 줄 영재원은 바로 문예창작 영재원이야. 지금부터 차근차근 준비해 나간다면 내 안에 숨어 있는 재능을 실력으로 키워 갈 수 있을 거야!'

미리는 차근차근 문예창작 영재원에 입학하기 위한 준비를 해 갔습니다. 다양한 분야의 책을 읽고, 감상문을 여러 가지 방법으로 메모했습니다. 그리고 매일매일 일기 쓰기도 게을리하지 않았습니다.

찬바람이 나뭇가지의 잎사귀들을 떨구어 내는 12월이 오자, 미리가 다니는 현암 초등학교에서도 수학, 과학, 정보, 문예창작 영재를 뽑는 교내 예선 대회가 실시되었습니다.

"문예창작 영재 과정을 지원하는 학생은 지금 도서실로 오세요."

미리는 조용히 필기구를 챙겼습니다. 도서실에는 벌써 열 명이 넘는 아이들이 시험 준비를 하고 있었습니다. 아이들의 긴장감 때문인지 도서실은 후끈후끈 열기로 달아올랐습니다.

"자, 오늘 선발 시험의 주제는 '자기소개서'를 작성해 보는 것입니다. 앞으로 여러분이 살아야 할 시대는 자신을 잘 표현할 줄 알아야 합니다. 여러분이 대학교에 들어갈 때는 입학사정관제라는 제도로 학생을 뽑는 곳이 아주 많다는 거 알죠? 과연 어떻게 자신을 알려 줄 것이냐가 관건이 되겠지요."

아이들의 눈이 알사탕만하게 툭 튀어나왔습니다. 국어 문제집만 열심히 풀다가 왔는데 이게 무슨 뚱딴지 같은 시험이냐는 눈치들이었습니다.

하지만 미리는 달랐습니다. '나 알아보기'도 자주 해 보고, 꿈 모델과의 대화도 여러 번 나누어 보았고, 책도 많이 읽은 미리에게는 자신감 넘치는 주제였습니다.

'누구보다도 내 자신에 대해 잘 아는 사람은 바로 나야. 그동안 준비를 많이 했으니 나의 꿈을 키워 준 책과 인물, 그리고 나의 장단점을 재미있게 써 나가 보자!'

미리는 연필을 꼭 쥐었습니다. 그리고 술술 하얀 종이를 까맣게 채워 가기 시작했습니다.

자기소개서

김미리

제 책상 위에는 가난한 가발 공장 여공에서 미국의 하버드 대학 박사 학위까지 따며 자신의 목표를 실현한 서진규 박사님의 글이 붙어 있습니다.

'나는 무슨 일에 도전하기에 앞서 항상 세 가지 리스트를 작성합니다. 첫째, 나에게 꼭 필요한 것은 무엇인가. 둘째, 내가 가지고 있는 것은 무엇인가. 셋째, 나는 무엇을 준비해야 하는가. 이 세 가지 문제에 답할 수 있다면, 현재의 나를 정확히 파악하고 있는 것입니다. 희망에 도전하려는 나를 알고 있다면, 그 희망은 이미 절반을 이룬 셈입니다. 그런 후엔, 죽을 각오를 하고 희망을 향해 돌진하는 것입니다.'

저는 이번 문예창작 영재 교내 선발 시험에 지원한 김미리입니다. 현재 현암 초등학교 4학년에 재학하고 있습니다. 저는 서진규 박사님의 이 말을 늘 가슴속에 새기며 지금의 나는 어떤 사람이고, 내가 가야 할 길은 어디이며, 내 꿈을 위해 해야 할 일들은 무엇인지 곰곰이 생각해 보고 있습니다.

그래서 고민 끝에 선택한 첫걸음이 바로 문예창작 영재 선발에 지원하는 것이었습니다.

아직은 수학, 과학 과목 실력이 부족할지 모르지만 나에게 진정으로 필요한 것과 나는 무엇을 준비해야 하는가 고민해 보았을 때, 문예창작원이야말로 나의 꿈을 실현하기 위해 가장 적합한 곳이라고 생각되었습니다.

저는 어릴 때 남보다 특별하진 않았고, 혼자서 책을 읽는 것을 즐겼습니다. 아버지께서는 책 속에 세상의 모든 것이 담겨 있다는 말씀을 자주 하셨습니다. 독서가 뭐가 남다르냐고 하겠지만 독서는 지금의 저를 있게 해 준 버팀목이고, 저의 사고력을 높여 준 일등공신이 아닐 수 없습니다. 독서하는 습관을 만들어 준 아버지의 교육 방법은 아주 특별하다고 생각합니다.

저는 4학년에 올라와서 〈나의 비전 노트〉를 쓰고 있습니다. 이것은 우리 담임 선생님이신 한승리 선생님께서 권해 주신 방법입니다. 연도별로 미래의 나의 모습을 적어 보고 그것을 이루기 위해 실천해야 할 것들을 적어 두는 나만의 비밀 노트인 셈입니다.

"자신의 목표와 비전을 머릿속으로만 생각하지 말고 그것을 적고, 마음속으로 계속 새겨 보는 사람은 그것을 현실로 만드는 사람이 된다."라는 선생님의 조언에 따라 작성하기 시작한 것입니다.

그 노트의 '20년 후의 나의 모습'에는 커다랗게 '외교관'이라는 나의 꿈이 적혀 있습니다.

저는 우리나라를 널리 알리고 해외에 사는 우리나라 국민들을 보호하는 도우미인 '외교관'이 되고 싶습니다. 반기문 유엔 사무총장님과 한비야 국제구호개발기구 월드비전 긴급구호팀장님이 제가 닮고 싶은 인물입니다. 반기문 총장님의 외교관으로서의 능력과 한비야 팀장의 봉사 정신을 합친 외교관이 되는 것이 저의 꿈입니다.

작년에 저는 부모님과 함께 세계 최고 수준의 기업인 포항의 포스코에 견학 간 적이 있습니다. 그곳 정문 앞에 인상적인 표어 하나가 적혀 있었습니다.

'자원은 유한, 창의는 무한'

그렇습니다. 현재의 시대에 가장 중요한 것은 천연자원이 아닙니다. 바로 인간이라는 자원입니다.

저 김미리도 문예창작 영재원에 입학하여 더 넓게 배워 훗날 우리나라를 빛낼 인간 자원이 꼭 되고 싶습니다.

마지막 문장의 마침표를 찍고 나니, 종이 울렸습니다. 미리는 아쉬움 없이 종이 위에 하고픈 말을 다 토해 내서 속이 시원했습니다. 선생님께서 한 사람 한 사람의 시험지를 거두어 갔습니다.
　"너 얼마나 적었어? 난 망했다, 망했어."
　"자기소개서로 어떻게 인재를 뽑아? 말도 안 돼. 학원에선 이런 거 안 가르쳐 줬는데."
　아이들의 입에선 불만이 터져 나왔습니다. 하지만 미리의 입가에는 미소가 맴돌았습니다. 교실 밖을 나오는 발걸음도 솜털처럼 가벼웠습니다.

일주일이 지났습니다. 담임 선생님께서 쉬는 시간에 미리를 교무실로 불렀습니다.

"미리야, 축하해. 네가 이번에 문예창작 영재 선발에서 우리 학교 대표로 뽑혔구나."

미리는 뛸 듯이 기뻤습니다. 자신이 결정하고 스스로 준비해서 좋은 결과를 얻은 첫 경험이었기 때문입니다.

'부모님께서 시키는 대로 공부하고 준비하는 게 아니라, 스스로 결정하고 준비하니 보람도 더 큰 것 같아. 이제 내년 1월에 있을 문예창작 영재 선발 시험을 위해 더 많은 책을 읽고 준비해야겠어.'

미리는 겨울방학 계획도 탄탄히 세웠습니다.

• • •

방학이 시작되고 어느덧 교육청 문예창작 영재 선발 시험이 다가왔습니다. 두근두근 떨리는 마음으로 시험지를 받아 든 미리의 얼굴이 금세 환해졌습니다. 미리는 서두르지 않고 차분히 정답을 체크해 나갔습니다.

'문제집을 많이 푸는 것보다 독서를 더 열심히 한 것이 큰 힘이 된 것 같아. 시험에 나온 지문도 막히지 않고 술술 읽히는걸? 아! 이 지문은 읽어 본 적이 있는 것 같아.'

시험 문제를 푸는 데 점점 가속도가 붙었습니다. 미리는 큰 막힘없이 답안을 채워 갔습니다.

드디어 발표일.

미리는 떨리는 마음으로 교육청 홈페이지에 접속했습니다.

문예창작 영재 선발 김미리

미리의 이름 옆에 큼지막하게 빨간 '합격' 도장이 표시되어 있었습니다. 쿵쾅쿵쾅 가슴이 터질 것만 같았습니다. 영재원 면접에 참여해 보니 학교 성적만 좋은 친구들은 많이 떨어지고, 오히려 미리처럼 꾸준히 독서를 하거나 글쓰기 대회에 계속 참가했던 친구들이 많이 합격했다는 사실을 알게 되었습니다.

미리는 이번 시험을 통해 인생의 꿈을 이루기 위해 진정으로 필요한 것은 단기간에 완성되는 준비가 아니라는 것을 깨달았습니다.

비싼 학원비 내고 학원에서 달달 외우는 공부보다, 시간이 오래 걸리더라도 자신에 대해 알고 실력을 꾸준히 쌓아 갈 수 있는 준비야말로 자신 안에 잠들어 있던 잠재력을 일깨우는 도구가 된다는 사실입니다. 미리에게는 독서와 꾸준히 작성해 온 비전 노트가 그 힘의 발판이 되어 주었습니다.

미리는 자신이 원하는 꿈에 한 발짝 더 다가간 느낌, 자신의 키가 한 뼘쯤 더 큰 듯한 기분이 들었습니다.

# 표현의 달인, 미리에게 물어봐!

글쓰기 능력을 길러 준 최고의 비법

글은 자신의 생각을 나타내는 표현의 방법이야. 어떻게 생각하고 주장하는지 조리 있게 표현할 수 있다면, 그것이 바로 훌륭한 글쓰기가 되는 거야. 그러니까 글쓰기의 기초는 자신이 어떻게 '생각' 하고 '주장' 하느냐에 달려 있어. 자신의 생각이 없다면, 글을 쓸 수 없을 테니까.

어떻게 내가 생각 능력(사고력)을 키워서 문예 영재원에 들어갈 수 있었냐고? 비결은 바로 '독서' 였어. 책을 통해 직접 경험하지 않은 세상을 보고, 생각하고, 느낄 수 있었기 때문이야.

1 생각이 커지는 독서 방법

무턱대고 책만 많이 읽는다고 해서 모두 좋은 효과를 거두는 건 아니야. 눈은 책을 보고 있는데도 머릿속으로는 아무 생각도 없는 경우가 많지? 그건 바로 독해 능력이 부족해서 그래. 글을 잘 쓰려면 '글을 읽고 분석하는 능력' 이 필요해. 어떻게 하면 그 능력을 키울 수 있을까? 내가 활용한 '생각' 하면서 책 읽는 방법을 소개할게. 무럭무럭 사고력을 키울 수 있을 거야.

- 제목과 차례만 보고 내용을 생각해 보기
- 자신의 마음이나 생활과 비교해 가며 읽기
- 사실과 의견을 구별하고 글쓴이의 주장이 무엇인지 생각하면서 읽기
- 장면을 상상하며 읽기
- 연필로 밑줄 치거나 감명 깊었던 부분 책 모서리 접기
- 전체적인 줄거리와 요점 파악하면서 읽기
- 독서 후에 내용을 글이나 그림으로 표현하기

2 기억이 오래도록 남는 독서 카드

사람의 기억에는 한계가 있어서 책을 읽고 난 후의 감동과 느낌, 알게 된 정보 등이 책을 덮는 순간 금방 연기처럼 사라져 버리기 일쑤야. 독서 카드를 쓰다 보면 기억을 오래 저장할 수 있고 내용도 쉽게 이해할 수 있어. 나의 독서 카드 한 장을 공개할게.

읽은 날	2010년 1월 25일 겨울 방학 중턱
책 이름	헬렌 켈러
줄거리	헬렌 켈러가 19개월이 되던 어느 날 '뇌척수막염'을 앓고 난 후부터 눈이 보이지 않고 귀가 들리지 않게 되었다. 제대로 된 교육을 받지 못한 헬렌 켈러는 몸으로 간단한 의사소통을 할 수밖에 없었다. 점점 난폭해져 가는 헬렌 켈러에게 어느 날, 설리반이라는 선생님이 찾아온다. 설리번 선생님은 한결같은 태도로 헬렌켈러에게 글자를 가르쳐 주었고 고통 끝에 드디어 언어를 깨치게 되었다.
읽은 후 느낌	장애를 가졌다고 해서 포기하지 않고 글자 깨치기에 도전한 헬렌 켈러의 모습이 대견했다. 또 온갖 힘든 일을 겪으면서도 성심성의껏 가르친 설리번 선생님의 모습이 감동적이었다.
새롭게 알게 된 사실	헬렌은 여성 최초로 하버드 대학으로부터 명예 학위를 받았다. 그리고 모교 대학에서는 그녀의 이름으로 헬렌 켈러 정원을 만들고, 설리번 선생님의 이름을 딴 분수대가 생겼다고 한다.
새롭게 알게 된 단어 사전 찾아보기	• 뇌척수막염 : 균에 의하여 뇌막과 척수막에 염증이 생기는 것. 두통, 고열 등을 일으키며 사망율이 높다. • 점자 : 손가락으로 더듬어 읽도록 만든 시각 장애인용 문자. 두꺼운 종이 위에 도드라진 점들을 일정한 방식으로 짜 모아 만든 것.
가슴에 와 닿았거나 좋았던 문장	"어느 날, 헬렌이 세수를 하다 '물' 이라는 글자를 알고 싶어 설리번 선생님의 손을 두들겼다. 선생님은 헬렌의 손바닥에 'water'이라고 써 주었다. 아침을 먹고 나서 설리번 선생님은 헬렌의 손에 펌프 꼭지를 대게 한 후 펌프로 물을 푸기 시작했다. 물이 콸콸 쏟아져 나오는 가운데 헬렌은 'water'을 떠올렸다."

3 글쓰기 능력을 길러 주는 일기 쓰기

생각을 튼튼히 하고 글을 이해하는 능력도 길러졌다면, 글쓰기 연습에 돌입해야 해. 가장 좋은 방법은 매일 '일기'를 쓰는 거야. 자신의 경험과 생각을 적어 보면 논리력과 문장력을 키울 수 있어. 일기라고 해서 꼭 '그날의 경험'으로만 채울 필요는 없어. 미래를 구상해 보기도 하고, 일어나지 않은 일을 상상해 보면서 일기를 쓰면 엄청 재미있거든!

★ **글쓰기 능력을 길러 주는 일기 쓰기 주제**

- 20년 후의 오늘 일기 쓰기
- 내가 좋아하는 책 제목으로 삼행시 짓기
- 신문 광고 장면 오려서 말 주머니 일기 쓰기
- 내가 동물과 식물과 이야기할 수 있는 능력이 있다면?
- 하루가 25시간이라면 한 시간 동안 무엇을 할까?
- 오늘 있었던 일을 신문 기사로 써 보기
- 위인전 읽고 그 사람이 나라면 상상하여 일기 쓰기
- 내가 죽는다면 비석에 어떤 말을 새길까?
- 내용 중에 속담이 들어가는 일기 쓰기
- 내가 만약 컴퓨터라면?
- 자기 자신에게 편지 쓰듯 일기 쓰기
- 애완동물의 하루를 관찰하고 내가 애완동물의 마음이 되어 일기 쓰기
- 내가 키가 50cm가 더 큰 거인이라면?
- 나의 오늘 하루를 엄마에게 편지 쓰듯이 써 보기
- 하루를 돋보기로 보듯이 자세히 관찰하고 일기 쓰기

4 독서 토론을 통한 표현력과 발표력 기르기

토론을 통해 자신의 생각과 감정을 분명하게 표현하고, 다른 사람의 생각을 잘 이해하는 힘을 키울 수 있어. 독서 토론을 한번 해 볼까? 독서 토론은 책을 읽고 난 뒤에 자신의 생각과 의견을 표현하는 가장 좋은 방법이야.

★ **독서 토론을 할 때 어떻게 해야 할까?**

1. 토론 주제를 찾자.

토론 주제를 찾기 위해서는 책을 읽을 때 '왜?'라는 물음을 스스로 던지며 읽는 습관이 중요해. '왜 주인공이 사건을 일으켰을까?', '왜 저렇게 대답했을까?' 이런 경험은 남들과 다르게 생각하는 힘을 기를 수 있어.

2. 토론 과정에서 상대편의 의견을 경청한다.

상대의 의견을 메모하고 고개를 끄덕여 주는 적극적인 듣기의 자세를 보여 주는 것이 좋아. 상대와 경쟁을 벌이고 있다는 생각을 버리자. 상대의 주장에 반대 의견만 내세우면 된다는 생각도 좋지 않아. 토론의 핵심은 상대편과 싸우는 것이 아니라 설득하는 것이기 때문이야.

3. 생각을 조리 있고 솔직하게 말하자.

자신의 주장을 먼저 메모해 두고 정리한 뒤에 주장하자. 다양한 자료, 통계 등을 미리 준비해 자료를 제시하면 더욱 설득력 있게 들릴 거야.

📖 **독서 토론 주제는 어떤 것이 있을까?**

심청전 심청이가 인당수에 빠진 것은 진정한 효도일까?
레 미제라블 주인공이 빵을 훔친 것에 대해 벌을 주어야 할까?
로빈슨 크루소 주인공은 무인도에서 20년 넘게 혼자 살면서 지독한 외로움에 시달렸다. 사람은 혼자 살 수 있을까?

글로벌 리더가 되기 위해
꼭 필요한 능력이 무엇이라고
생각하며, 어떤 노력을 해 왔는지
구체적인 사례를 들어 쓰세요.

-성균관대(글로벌 리더 전형 자기소개서)

전교 부회장 도전, 리더십을 배우다

손을 호호 불며 추위를 녹이던 겨울이 가고 아지랑이 피는 봄이 찾아왔습니다. 5학년이 된 미리는 새로운 각오를 다졌습니다.

'4학년 때는 참 많은 경험을 했어. 나에 대해서도 알았고, 꿈도 세웠잖아. 올해는 꿈에 더 가까이 갈 수 있도록 실천해야지!'

새 학년을 맞은 미리는 학교 가는 길이 즐거웠습니다. 하늘을 두둥실 떠다니는 풍선처럼 몸도 마음도 부풀어 올랐습니다. 목표를 향해 서서히 가까워지고 있는 느낌은 그 어떤 것보다도 황홀했습니다. 새로운 선생님, 친구들을 만나는 설렘이 가득한 3월이었습니다.

'어? 애들이 왜 모여 있지?'

미리는 얼른 실내화로 갈아 신고 아이들 사이에 끼어들었습니다.

"야, 어때? 나 정도면 전교 부회장에 어울리지 않아? 내가 한번 나가 볼까?"

열심히 포스터를 살피던 장난꾸러기 민호가 너스레를 떨었습니다.

"뭐라고? 너에게 전교 부회장이 어울리기나 하냐?"

"하여튼 민호의 뚱딴지 기질은 정말 알아줘야 한다니까."

아이들은 민호에게 어림도 없다며 핀잔을 주었습니다. 듣고 있던 미리도 피식 웃음이 새어 나왔습니다.

"야, 뭐가 더 필요해? 우리 현암 초등학교를 사랑하는 마음만 가지고 있으면 된다고."

"말이라도 못하면 덜 밉지."

그때 수업 시작 종이 울렸습니다. 아이들은 썰물 빠지듯 교실로 들어갔지만 미리는 포스터를 마지막까지 꼼꼼히 읽었습니다.

수업을 마치고 집으로 오는 길, 교문을 빠져 나오는데 뒤에서 낯익은 목소리가 들려왔습니다.

"미리야, 오랜만이네."

고개를 돌려 보니 영준 오빠였습니다. 영준 오빠는 도서관에서 책 정리 봉사 활동을 하면서 알게 된 6학년 오빠입니다.

"응, 오빠! 같은 학교 다녀도 얼굴 보기가 힘드네."

5학년은 3층, 6학년은 4층 교실을 사용하기 때문에 학년이 다르면 잘 만날 수가 없습니다. 하지만 가끔씩 하굣길에 만나면 둘은 집에 가면서 이야기를 나누곤 했습니다.

"전교 회장 공고 봤어? 지금까지 후보는 모두 여섯 명이래. 그중에서 나는 박준형이라는 친구를 밀고 있어."

"아, 그 오빠 나도 알아. 공부도 잘하고 축구도 잘하던데."

"그래, 전교 회장이 되기에 충분한 자질이 있는 아이야. 다른 친구들은 좀 그래. 어떤 아이는 전교 회장이 되면 다음에 대학 입시에 유리하니까 나가는 친구들도 있거든."

"전교 회장이 되는 것하고 대학에 가는 것하고 무슨 상관이야?"

"리더십 전형이라고 해서 대학에서 전교 회장이나 부회장 경험이 있는 학생들을 뽑는 곳이 많아. 성적이 우수하지 못해도 리더십이 뛰어난 학생을 높게 평가해 주는 거야."

"아, 그렇구나."

"그런데 미리야."

"왜?"

"너도 전교 부회장 선거에 나가 보지 그래?"

"내가?"

"너는 의젓하고, 책임감도 강하잖아. 공부 잘하는 것보다 다른 사람들을 잘 배려하는 사람이 전교 부회장이 되어야 하는 거잖아."

미리는 얼굴이 후끈 달아올랐습니다.

"내가 할 수 있다고 생각해?"

영준 오빠는 당연하다는 듯 고개를 끄덕였습니다.

"어……, 우리 집 다 왔어. 다음에 봐, 오빠!"

미리는 도망가듯 빠른 걸음으로 집으로 향했습니다. 아까부터 미리의 가슴이 다듬이질하듯 쿵쾅거리고 있었습니다. 다른 사람에게 마음을 들켜 버렸기 때문입니다.

• • •

올해 1월 1일.

1년 계획표를 세우면서 미리는 많은 고민을 했습니다.

'나의 미래의 꿈을 이루기 위해, 올해 내가 해야 할 것은 뭘까?'

미리는 연습장에 적어 보기로 했습니다.

공부: 반 1등

'1등도 중요하지만 1년 동안 이룰 목표로 삼기에는 적당하지 않은 것 같아. 노력하고 최선을 다한 결과라면 꼭 1등이 아니라도 괜찮아.'
미리는 다시 지웠습니다.

한자 6급 시험 합격하기, 책 300권 읽기 ……

몇 개를 더 적어 보았지만 모두가 1년 목표에는 적합하지 않아 보였습니다.
'나의 꿈인 외교관의 자질을 기르는 데 도움이 되고, 내가 목표로 하는 대학에도 도움이 되는 1년 목표가 없을까?'
고민하던 미리에게 좋은 생각이 떠올랐습니다. 종이에 크게 적어 보았습니다. 그 목표를 적는 순간 미리의 손은 가볍게 떨리기 시작했습니다.

전교 어린이 부회장 도전

'전교 어린이 부회장이 되면 리더십을 기를 수 있어. 훗날 외교관이 되려면 세계 곳곳을 돌아다니며 그곳에 사는 한국인들을 이끌어 갈 수 있는 리더십이 필요해. 대화 능력, 연설 능력, 추진력. 외교관에게 필요한 능력을 기르는 데는 전교 어린이 부회장이 최고의 조건이야. 5학년에게 기회가 주어지는 전교 어린이 부회장 선거에 출마해 볼 거야. 꿈을 이룰 수 있는 좋은 경험이 될 거야.'

　미리는 정성스럽게 〈나의 1년 목표 : 전교 어린이 부회장 도전〉이라고 다이어리에 적었습니다. 몰래 키워 왔던 꿈을 이제는 밝혀야 할 때가 왔다고 생각했습니다.

　　　　　　· · ·

"저 드릴 말씀이 있어요. 이번에 우리 학교 전교 부회장 선거에 나가려고요."

　예상치 못한 말이었는지 엄마 아빠는 깜짝 놀랐습니다. 하지만 아빠는 금방 고개를 끄덕이며 말했습니다.

"그래, 한번 도전해 보렴. 전교 회장이나 부회장은 리더십을 기를 수 있는 좋은 기회야. 만일 떨어진다고 하더라도 연설문을 작성하고, 선거 운동원들을 모집하고, 연설하는 과정에서 배우는 게 많을 거야. 아빠는 대찬성. 단, 모든 것을 너의 힘으로 한다는 조건이야."

엄마도 미리의 선택을 존중해 주며 찬성했습니다.

"그래, 미리야. 용기를 가지고 도전해 봐."

미리의 가슴에 새로운 바람이 불어오는 것 같았습니다.

다음날 아침, 미리는 가장 친한 친구인 자빈이에게 이야기를 꺼냈습니다.

"그래, 미리야. 내가 적극적으로 밀어 줄게. 잘해 봐."

자빈이는 미리에게 말을 듣자마자 반 친구들에게 미리의 출마 소식을 알리고, 다른 반까지 퍼뜨리기 시작했습니다. 운동장에서 놀고 있던 민호가 헐레벌떡 뛰어와 물었습니다.

"미, 미리야! 너 전교 부회장 선거에 나간다는 소문 진짜야?"

미리는 자신 있게 대답했습니다.

"응."

"어허, 전교 부회장은 너에게 '무한도전' 인데?"

민호는 장난스럽게 이야기했습니다.

"뭐? 그게 무슨 뜻이야?"

"'무모한 도전' 이란 뜻이지."

미리는 웃으며 민호를 노려보았습니다.

"하하, 농담이야."

미리가 전교 부회장 선거에 나간다는 소문이 돌자 여러 친구들이 돕겠다고 나섰습니다. 미리는 교무 부장 선생님께 전교 부회장 선거 지원서를 받았습니다. 미리가 지원서를 쓰는 동안 자빈이는 추천서에 다른 친구들의 서명을 받으러 다녔습니다.

"이번에 전교 부회장 선거에 5학년은 다섯 명이 나간대."

미리는 슬그머니 겁이 났습니다. 출마한 모든 친구들이 자신보다 잘하는 것도 많고, 인기도 많은 친구들이기 때문입니다. 하지만 미리는 자신이 가진 장점을 떠올렸습니다.

'난 외교관이라는 분명한 꿈을 가지고 있고, 꾸준히 체험학습 포트폴리오를 통해 기록장을 만들어 가고 있어. 또 함께 나누는 기쁨을 느끼며 봉사 활동에 열중해서 〈1013 봉사 포토북〉도 가지고 있어. 내 힘으로 문예 창작 영재에 합격한 경험도 있고. 다른 친구들보다 인기는 없을지 몰라도 누구도 갖지 못한 장점이 나에게 있어.'

미리는 스스로 자신감을 잃지 않으려고 자기 주문을 외웠습니다. 부회장이 될 충분한 자격과 잘할 수 있는 의지가 있다고 생각하자, 저절로 힘이 솟는 기분이었습니다.

· · ·

다음 날 자빈이와 미리는 선거 일정에 맞춰 해야 할 일들을 기록해 나가기 시작했습니다. 운동원 모집, 공약 의논, 선거 문구 작성, 피켓 만들기, 연설문 작성 등 준비할 것이 한둘이 아니었습니다. 미리는 자신을 응원해 주는 친구 중에서 선거 운동을 도와줄 친구들을 모으기 시작했습니다.

"미리를 전교 부회장으로! 내가 많이 도와 줄게!"

"나도."

수업을 마친 후 선거 운동원이 되어 줄 친구들이 미리의 집으로 모였습니다. 미리의 방 안은 왁자지껄해졌습니다.

"우리 피켓부터 만들자."

"그래, 그림도 근사하게 그리고 멋진 글도 쓰자."

아이들은 도화지를 들었습니다. 미리가 아이들의 손을 가로막으며 말했습니다.

"얘들아, 그 전에 해야 할 것이 있어. 내가 왜 출마하는지, 다른 후보들과 차별점은 무엇인지, 또 학생들이 학교에 바라는 것이 무엇인지부터 의견을 나누는 게 좋을 것 같아."

"맞다. 역시 전교 부회장 후보라 다른걸."

아이들은 서로의 의견을 이야기하기 시작했습니다.

"우리 학생들에게 제일 필요한 게 뭐지?"

"나는 신발장이 교실 뒤편이 아니라 복도에 있었으면 좋겠어. 신발장이 교실에 있으니까 먼지나 흙이 교실에 떨어지고, 냄새도 나서 불쾌하거든."

"야, 정말 좋은 의견이다!"

미리는 친구들이 토론하는 과정을 보면서 마음이 흐뭇했습니다. 친구들은 생각했던 것보다 훨씬 진지하게 의견을 내놓고 잘 들어 주었습니다.

'전교 부회장 선거에 나가기를 참 잘한 것 같아.'

미리는 친구들과 공약을 이야기하면서 많은 것을 얻었습니다. 서로의 의견을 이야기하고, 현명한 선택을 위해 의견을 조율해 가는 과정 속에서 토론 방법을 자연스럽게 익힌 것입니다.

'토론을 하니까 상대방의 의견을 주의깊게 듣게 되고, 또 내 의견을 말할 때도 조리 있게 하게 되는구나. 앞으로 주제를 정해서 이런 토론을 자주 해야겠는걸.'

다음 날부터 친구들과 미리의 강행군이 시작되었습니다.

"전교 부회장 3번 후보 김미리. 미리미리 준비하는 김미리 후보를 뽑아 주세요."

친구들은 해가 채 뜨기도 전에 학교에 나가 구호를 외쳤습니다. 미리도 쉬는 시간마다 교실 곳곳을 돌아다니며 선거 유세를 했습니다. 다른 후보들의 선거 구호도 복도 여기저기서 울려 퍼졌습니다. 부회장 선거는 5학년 교실들을 뜨겁게 달구어 놓았습니다.

선거 이틀 전, 미리는 책상에 가만히 앉았습니다.

'나의 마음을 담아 연설문을 써야지.'

다른 후보 중에는 웅변 학원이나 연설 학원에서 돈을 주고 원고를 사는 친구들도 있었습니다.

'중요한 것은 내 마음을 담아 포부와 계획, 신념을 이야기하는 거야. 누구도 내 마음을 대신해 줄 수 없잖아.'

미리는 연습장에 적었다가 지우고, 찢고, 다시 쓰기를 반복했습니다.

창밖이 깜깜해지는 동안 미리는 솔직한 자신의 각오를 종이 위에, 마음속에 또박또박 새겨 넣었습니다.

드디어 선거 날이 찾아왔습니다.

아침 일찍 일어난 미리는 세수를 하고 거울 앞에 서서 크게 심호흡을 했습니다.

'미리야, 넌 할 수 있어. 오늘 남은 하루까지 최선을 다하면 돼. 파이팅!'

스스로에게 응원을 해 주자 불끈불끈 힘이 용솟음쳤습니다. 미리는 마음을 단단히 먹고는 씩씩하게 학교를 향했습니다.

• • •

"지금부터 전교 어린이 회장, 부회장 선거를 실시하겠습니다. 4, 5, 6학년 학생들은 모두 강당으로 와 주시기 바랍니다."

강당 앞에는 회장, 부회장 후보 자리가 마련되어 있었습니다. 미리는 당당하게 자리에 앉아 강당을 메우고 있는 학생들을 바라보았습니다. 아이들은 후보들을 두루 살피면서 무언가를 원하는 간절한 눈빛을 쏘고 있었습니다. 미리의 두 주먹에 살짝 힘이 들어갔습니다.

먼저 전교 어린이 회장 후보인 6학년 언니 오빠들의 연설이 시작되었습니다.

"여러분이 원하는 것을 모두 해결해 주는 슈퍼맨 후보 1번 김유신입니다."

　1번 후보 오빠는 슈퍼맨의 빨간 망토를 두르고 연설을 했습니다. 학생들은 재미있다며 깔깔거렸습니다.

　"저는 급식 시간에 우리가 좋아하는 음식을 많이 제공하도록 하겠습니다. 통닭, 피자 같은 것들이 매일 나올 수 있도록 하겠습니다."

　환호성을 지르는 학생들도 있었고, 고개를 가로젓는 학생들도 있었습니다.

　'저런 공약은 지키지도 못하고, 바람직한 공약이 아닌데…….'

　예전 같았으면 그런 공약을 듣고는 마냥 좋아했을 테지만, 미리는 이미 달라져 있었습니다.

드디어 전교 부회장 후보 연설 순서가 되었습니다. 1번, 2번 후보 친구가 씩씩하게 연설을 했습니다. 이제 미리의 차례가 되었습니다.

미리는 두근거리는 마음을 겨우 붙잡고 단상으로 걸어갔습니다. 가슴이 터질 것만 같았습니다.

'잘해 보자, 김미리! 우리 학교 친구들의 고민을 함께 하고, 몸을 사리지 않고 봉사 활동을 하고, 학생들의 목소리를 모아 불합리한 제도를 건의해서 바르게 바꿀 수 있도록 앞장서는 사람. 그 자리에 도전하는 거야!'

미리의 얼굴에서는 굳은 의지가 엿보였습니다. 미리는 미소와 함께 연설을 시작했습니다.

"첫째, 복도에 우산 비닐꽂이를 설치하도록 하겠습니다. 비만 오면 복도와 교실이 엉망이 됩니다. 우산 비닐꽂이를 설치해 비 오는 날에도 변함없이 깨끗한 교실을 만들겠습니다. 둘째, 점심 시간에는 좋은 음악이 가득한 학교로 만들겠습니다. 방송실에서 좋은 음악을 틀도록 하여, 친구들이 항상 밝은 마음으로 점심을 먹을 수 있도록 하겠습니다. 셋째, 어린이 신문에 우리 학교를 취재해 전국에 알리겠습니다. 저는 〈조은 어린이 신문〉에 어린이 기자를 신청해 얼마 전에 합격했습니다. 〈조은 어린이 신문〉은 매해 '자랑스러운 초등학교'를 뽑아 보도하고 있습니다. 장점이 많은 우리 학교를 전국에 알리겠습니다."

미리의 연설이 끝나자 아이들의 박수 소리가 온 강당을 흥겹게 두드렸습니다.

• • •

개표는 도서실에서 진행되었습니다.

"지금부터 개표를 시작하겠습니다."

선거함을 열자, 하얀 종이가 쏟아져 나왔습니다. 한 표, 한 표 세기 시작하자, 개표실은 쥐 죽은 듯 조용해졌습니다. 가끔 꼴깍, 하고 침을 삼키는 소리만 들려올 뿐이었습니다.

"오랫동안 기다리셨습니다. 개표 결과를 발표하겠습니다."

미리의 가슴은 쿵쿵 북을 치는 것처럼 쿵쾅거렸습니다.

"전교 어린이 회장에는 219표를 얻은 기호 2번 박준형, 전교 어린이 부회장에는 237표를 얻은 기호 3번 김미리 친구가 당선되었습니다."

한쪽에서는 함성이, 한쪽에서는 한숨이 들려왔습니다. 미리는 자신도 모르게 폴짝폴짝 뛰었습니다.

"축하해, 미리야! 네가 될 줄 알았어."

"우리 반에서 전교 부회장이 나오다니 경사났는걸!"

담임 선생님이 커다란 손을 내밀며 악수를 청했습니다. 옆에 있던 자빈이는 강당에서 아이들이 소곤대던 말을 미리에게 전해 주었습니다.

"아이들이 너는 연설과 공약을 하면서 많은 준비를 했다는 것을 느꼈대. 특히 어린이 신문 기자는 네가 부회장 선거에 나올 준비를 미리 하지 않았다면 할 수 없는 거잖아."

"고마워, 너희 역할이 정말 컸어. 기대에 어긋나지 않게 열심히 할게. 공약도 꼭 지키고 불편한 점을 꼼꼼히 살펴 학교에 건의해야지."

"넌 잘할 수 있을 거야."

자빈이의 격려에 미리는 굳게 의지를 다졌습니다. 간절히 원하고, 간절히 준비하면 무엇이든 해낼 수 있다는 자신감이 얼마나 큰 힘이 되는지 다시 한 번 확인했습니다. 앞으로 다가올 미래는 무지갯빛일 것이라는 믿음이 미리의 가슴을 가득 채웠습니다.

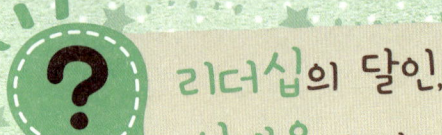

리더십의 달인, 신예은(성균관대 사회과학 계열 09) 인터뷰

초등생 여러분! 리더십 이렇게 배워요

성균관대학교 사회과학계열 09학번 신예은이에요.
리더십 전형이 궁금하다구요? 뭐든지 물어보세요!

1 리더십을 기르기 위해 가장 중요한 것은 무엇인가요?

'긍정'과 '도전'이라고 생각해요.

구성원들이 '긍정'적인 면에 집중하도록 도와주는 거예요. 어떤 일을 추진하려면 모든 구성원의 마음이 하나가 되어야 하는데, 만장일치일 경우는 드물어요. 찬성하는 사람은 긍정적인 면에 집중하고, 반대하는 사람은 부정적인 면에 집중하기 때문이에요. 하지만 일단 어떤 일을 추진하기로 결정했다면, 모두가 긍정적인 면에 집중할 수 있도록 도와주는 것이 리더의 역할이라고 생각해요.

또 하나는 '도전 정신'을 심어 준다는 거예요. 어떤 일이든, 불가능한 일을 하려고 할 때 사람들을 이끌어 가는 과정에서 필요한 것은 '할 수 있다.'는 마음가짐 뿐만 아니라, '그러니 해 보자.' 하는 실행이에요. 이런 실행을 구성원들이 할 수 있도록 동기 부여를 해 주는 것이 리더로서 꼭 필요한 자질이라 생각해요.

2 초중고 시절 어떻게 리더십을 기르셨나요?

초등학교 시절엔, 교회에서 골목대장이었어요. 작은 교회라 제가 항상 큰언니, 큰누나였거든요. 덕분에 예배 시간에 떠드는 동생들을 조용히 시키고, 아기들을 돌보는 건 제 몫이었어요. 중학교 시절에는 교회 행사가 있을 때 보조 교사를 하다가 중3 때에는 직접 6학년 동생들을 맡아서 주일 학교 교사로 봉사했는데, 그게 리더십을 기르는 데 많은 도움이 된 것 같아요. '언니'가 아닌 '선생님'으로 불리기 시작하면서 남다른 책임감을 느꼈어요.

고등학교 시절, 역시 교회에서 고등부 회장을 맡았지만 더 의미 있었던 일은 교회에서만 발휘하던 리더십을 학교와 학교 밖 사회에서도 발휘하게 되었다는 것이에요. 초등학교, 중학교 동창이 아무도 없는 고등학교였음에도 불구하고 노력 끝에 부회장으로 뽑힌 거예요. 회장과 힘을 합쳐서 공약을 척척 이루어 냈고, 오랜 숙원사업이었던 교복 디자인 변경 사업도 이루어 냈답니다! ^^

3 입학사정관제, 리더십 전형에 합격했다고 들었어요. 어떻게 준비했나요?

'리더십 전형'을 '준비'하고 대학에 들어간 건 아니에요. 단지 제가 하고 싶은 것에 용기 내어 도전했어요. 리더십 전형 자체를 준비하려고 무언가를 하다 보면 내 공부와 경험의 목표는 '꿈'이 아닌 '대학'이 되기 때문에, 진정성과 열정을 갖고 활동에 참여하기는 힘들 거에요.

제가 하고 싶었던 것, 해야겠다고 생각한 것은 제가 속한 어떤 모임에서든 '리더'가 되는 거였어요. 저는 '나서는 것'을 좋아했거든요. 처음에는 교회에서만 나서는 걸 좋아했지만, 고등학교 1학년 때 미국으로 10개월간 교환 학생을 다녀와서는 학교나 다른 단체에서도 용기를 갖고 사람들 앞에 리더로 활동하기를 자처했어요.

4 리더십이 부족한 초등학생들이 어떻게 리더십을 키울 수 있는지 알려 주세요.

인터넷을 통해 관심 분야의 활동 정보들을 직접 알아보거나, 다양한 활동을 하면서 리더십 발휘의 기회가 왔을 때 꼭 도전해 보도록 하세요. 작거나 사소한 기회를 놓치지 마세요. 조별 숙제 활동이든지 동아리 활동에서 구성원들을 이끄는 리더가 되어 보세요. 경험만큼 큰 배움은 없답니다. 그리고 잊지 말아야 할 것은 활동에 대한 기록을 차곡차곡 정리하는 거예요.

5 초등학생들에게 해주고 싶은 이야기는?

우리가 목표로 삼고 준비해야 할 것은 '비전'이에요. '비전'은 '어떠어떠한 사람이 되겠다.'라는 것인데, 그 비전을 향해 달려가다 보면 자연스럽게 내가 원하는 대학도, 직장도 따라오는 거라고 생각해요. 그러니까 눈앞에 놓인 숙제에만 집중하지 말고, 비전을 따라 노력하는 리더가 되길 바랍니다.

전략적 준비의 힘

준비하는 자만이 얻을 수 있다

슬아의 눈이 반짝 빛났습니다. 오래 앉아 있었지만 힘든 줄도 몰랐습니다. 이야기를 마친 언니는 슬아의 눈을 가만히 보았습니다.

"그 경험들이 지금의 나를 만든 거야. 처음엔 너보다 공부도 더 못하고, 소극적인 아이였잖아."

슬아는 미리 언니를 보며 배시시 웃었습니다. 자신감이 솟는 것 같았습니다.

"언니는 초등학생 때부터 꿈을 위한 준비를 참 많이 한 것 같아. 그런데 아직 궁금증이 풀리지 않는 것이 있어. 그럼 초등학교를 졸업하고 갑자기 공부를 잘하기 시작한 거야?"

미리 언니의 얼굴은 다시 진지한 표정으로 변했습니다.

"초등학교 때부터 준비하고 노력했기 때문에 성적은 조금 올랐지.

하지만 전교 1등을 하거나 공부 박사 수준은 아니었어."

"그런데 어떻게 세계에서 가장 뛰어난 학생들이 입학한다는 아이비리그의 대학에 갈 수 있었던 거야?"

"응, 입학사정관제라는 제도 때문에 공부가 1등은 아니었지만 아이비리그에 진학할 수 있었어."

슬아는 고개를 끄덕였습니다.

"요즘은 국제중학교 같은 곳에서도 입학사정관제로 학생을 뽑는다면서?"

"그래, 2019년인 지금은 모든 대학이 입학사정관제를 실시하고 있어. 민족사관 고등학교, 과학 고등학교 같은 특수 목적 학교에서도 대부분 실시하고 있지. 언니가 학교에 다니던 2010년부터 본격적으로 시작된 제도야."

미리 언니의 선생님처럼 친절한 설명이 이어졌습니다.

"입학사정관제는 시험 성적으로만 학생을 선발하지 않고, 학생이 가지고 있는 잠재력과 다양한 능력, 소질을 평가하는 제도야. 입학사정관이라는 심사위원이 학생의 종합적인 면을 평가하는 거지. 입학사정관제에서는 성적만 우수한 학생을 뽑지 않아. 그 학생이 미래를 위해 얼마나 노력해 왔는지, 또 앞으로 얼마나 발전 가능한지를 모두 평가하는 거야. 입학사정관들은 학생의 학창 시절 활동 사항과 직접 제출한 자기소개서 및 포트폴리오를 살피고, 대입 준비를 위해 그 학생이 얼마나 열정을 쏟았는지 조사해. 성적이 조금 떨어지더라도 성장 가능성이 있는 학생이 미래를 이끌어 갈 인재라고 판단하기 때문이야. 대학에서 원하는 진짜 인재를 뽑는 제도라고 할 수 있지."

미리 언니는 자신의 초등학생 시절을 다시 떠올리는 듯했습니다.

"나도 예전엔 입학사정관제가 무엇인지 몰랐어. 그저 남보다 좀 더 일찍 꿈을 결정했고, 그 꿈을 이루기 위해 초등학교 때부터 준비하고 노력했지. 아까 말했듯이 내가 했던 〈나 바로 알기〉, 〈꿈 만들기〉, 〈체험학습 포트폴리오 만들기〉, 〈봉사 활동하기〉, 〈자기소개서 쓰기〉, 〈리더십 키우기〉 같은 것들이 내가 초등학교 때 열중했던 일이야. 그런데 이것들이 모두 입학사정관들이 학생들을 평가할 때 가장 중요하게 여기는 것들이었어."

슬아는 이제 미리 언니가 어떻게 해서 아이비리그 대학에 갔는지 조금 이해할 수 있었습니다.

"오직 시험 문제에만 몰두하는 친구들과는 달리 초등학교 때부터 나만의 포트폴리오를 만들어 갔어. 그리고 입학사정관제를 실시하는 고등학교에서 좋은 평가를 받아 합격할 수 있었지. 그리고 나의 꿈인 외교관이 되기 위해서 외국에 있는 대학에 진학하기로 결심했어. 잠시만!"

미리 언니는 자리에서 일어나더니 책장 앞으로 갔습니다. 그곳에서 한 칸을 가득 차지하고 있던 파일들을 집어 들었습니다.

"언니, 이게 뭐야?"

"내가 초등학교 때부터 만들어 온 포트폴리오야. 활동 상황이나 수상 실적들을 잘 모아 두면 아주 유용한 자료가 될 수 있어. 사소한 것이라도 기록을 소중히 보관해 두면 연도별로 내가 어떤 활동을 해 왔는지 알 수 있거든."

파일을 하나하나 넘겨 보던 슬아는 입이 쩍 벌어졌습니다.

"언니, 이걸 언제 다 했어? 정말 대단하다. 내가 입학사정관이라도 언니에게 높은 점수를 줄 거야."

"바로 이게 내 인생의 보석이 되어 주었어. 초등학교 때부터 내 꿈을 이루기 위해 만들었던 이 포트폴리오가 입학사정관들에게 아주 좋은 평가를 받았어. 그래서 아이비리그 대학에 합격할 수도 있었던 거야."

슬아의 눈이 초롱초롱해졌습니다.

"나는 언니가 정말 부러워."

"너도 충분히 꿈을 이룰 능력이 있어."

"정말 나도 언니처럼 될 수 있을까?"

"물론이지. 지금부터 잘 준비해 나간다면 충분히 가능한 일이야. 독서를 많이 해서 사고력이 뛰어난 친구, 어려운 가정 환경을 이겨 내고 노력하는 모습을 보여 주는 친구, 어린 시절부터 자신의 확실한 꿈을 가지고 노력해 온 친구, 그런 친구들에게 입학사정관은 높은 점수를 주거든. 그러니 너도 지금부터 꿈을 가지고 그에 맞는 준비를 하고, 포트폴리오를 만들어 나간다면 충분해."

슬아와 미리는 하이파이브를 했습니다.

"사실 오늘 내 이야기를 하면서 무척 즐거웠어. 꿈 모델을 정할 때 나도 언젠가는 꼭 누군가의 꿈 모델이 되자고 결심했었거든. 아직 꿈을 향해 뛰어가고 있는 중이지만, 너에게 도움이 되었다니 내가 더 기쁘다."

"정말 고마워. 언니 덕분에 나도 뭔가 새로워진 기분이야."

슬아는 미리 언니에게 인사를 하고 큰아버지 댁에서 나왔습니다.

밤하늘에는 동그란 보름달이 빛을 발하고 있었습니다. 오늘따라 유난히 밝은 달을 보고 있자니 슬아의 가슴에도 희망의 불이 켜지는 것 같았습니다.

자신을 파악하라

••• 꿈을 찾는 법

나는 어떤 사람일까?

1 나의 취미는 _____이다.
2 내가 가장 관심을 갖고 열심히 공부하는 과목은 _____이다.
3 내가 지금 관심을 갖고 있는 것은 _____이다.
4 나와 가장 마음이 통하는 친구는 _____이다.
5 내가 가장 존경하는 사람은 _____이다.
6 내가 가장 하고 싶은 것은 _____이다.
7 내가 가장 재미있고, 감명 깊게 읽은 책의 제목은?

----

8 시간 가는 줄 모르고 몰두할 수 있을 정도로 흥미를 느끼는 일은 어떤 일인가?

----

9 부모님이나 주변의 기대에 상관없이 진정 내가 평생 하고 싶은 일은 어떤 것인가?

😊 나의 장점 찾기

나 자신이 잘한다고 생각하는 일

1 _____
2 _____
3 _____
4 _____

남이 내가 잘한다고 인정해 주는 일

1 _____
2 _____
3 _____
4 _____

나 자신의 생각과 남이 생각하는 나의 모습이 일치하는 부분을 적어 봅시다.

1 _____
2 _____
3 _____

나의 단점 찾기

나 자신이 잘 못한다고 생각하는 일

1 ------------------------------
2 ------------------------------
3 ------------------------------
4 ------------------------------

남이 내가 잘 못한다고 지적하는 일

1 ------------------------------
2 ------------------------------
3 ------------------------------
4 ------------------------------

나 자신의 생각과 남이 생각하는 나의 모습이 일치하는 부분을 적어 봅시다.

1 ------------------------------
2 ------------------------------
3 ------------------------------

🎤 내가 꿈꾸는 직업을 가진 (　　　) 인터뷰

직업	
직업을 선택한 이유	
구체적으로 하는 일	
직업을 갖기 위해 필요한 노력	
보람을 느끼는 일	
어려운 점	

> 여러분은 미래에 어떤 직업을 가진 사람이 되고 싶나요?
> 나의 꿈을 직업으로 가진 사람을 찾아가 인터뷰해 보세요.

직업	
직업을 선택한 이유	
구체적으로 하는 일	
직업을 갖기 위해 필요한 노력	
보람을 느끼는 일	
어려운 점	

★ 나의 미래 역사표 ★

미래의 나의 모습	연도
	2010
	2011
	2012
	2013
	2016
	2019
	2020
	2022
	2023
	2060

내 미래의 모습을 상상해 보고, 해야 할 일을 미리 알아 두면 꿈에 더 가까이 다가갈 수 있어요.

내가 해야 할 일

장점을 살려 할 수 있는 일	단점을 보완하며 해야 할 일

2

다양한 경험으로 목표를 정하라

••• 진로를 찾는 법

나의 직업 적성 알아보기

다음은 여러분이 어떠한 활동에 소질이 있는지 알아보기 위한 검사지입니다. '전혀 그렇지 않다' 면 첫째 칸에 〇, '별로 그렇지 않다' 면 둘째 칸에 △, '대체로 그렇다' 면 셋째 칸에 □, '매우 그렇다' 면 넷째 칸에 ☆를 표시하세요.

적성 영역	문 항	전혀 그렇지 않다 〇	별로 그렇지 않다 △	대체로 그렇다 □	매우 그렇다 ☆
언어 능력	1. 나는 글을 통해서 나의 느낌이나 주장을 잘 표현할 수 있다.				
	2. 나는 글을 읽거나 다른 사람의 말을 들을 때 중심 내용을 잘 이해할 수 있다.				
	3. 나는 나의 의견이나 기분을 상대방에게 말로 잘 전달할 수 있다.				
수리·논리력	4. 나는 여러 가지 사실들로부터 일반적인 결론을 끌어낼 수 있다.				
	5. 나는 수학 문제를 잘 파악하고 다양한 방법으로 답을 구할 수 있다.				
	6. 나는 복잡한 계산도 정확하게 할 수 있다.				
음악 능력	7. 나는 처음 듣는 노래도 음의 높낮이와 장단에 맞게 따라 부를 수 있다.				
	8. 나는 악기로 간단한 곡을 연주할 수 있다.				
	9. 나는 음악에 푹 빠져서 감상할 수 있다.				

영역	문항				
신체·운동 능력	10. 나는 운동장 두 바퀴를 중간에 멈추지 않고 달릴 수 있다.				
	11. 나는 선생님이 처음으로 시범 보이는 동작을 잘 따라 할 수 있다.				
	12. 나는 피구를 할 때 아주 빠르게 던지는 공을 피할 수 있다.				
공간 지각 능력	13. 나는 짧은 시간 안에 사물의 특징이 잘 나타나게 그릴 수 있다.				
	14. 나는 종이접기나 로봇 조립을 할 때 그림으로 된 설명서를 잘 이해한다.				
	15. 나는 가구나 물건을 옮겨서 보기 좋고 편리하게 배치할 수 있다.				
대인 관계 능력	16. 나는 친구의 어려운 사정을 들으면 마음이 아프다.				
	17. 나는 처음 만나는 사람과도 금방 편하게 이야기할 수 있다.				
	18. 나는 한 번 사귄 친구와 오랫동안 친구로 지낸다.				
자기 성찰 능력	19. 나는 쉽게 화를 내지 않으며 화가 나더라도 잘 누그러뜨릴 수 있다.				
	20. 나는 잘못된 일에 대해서 내 책임을 인정하는 편이다.				
	21. 나는 목표를 세우고 이를 이루는 방법에 대해 계획을 세워 실천할 수 있다.				
자연 친화력	22. 나는 평소에 동물에 관한 프로그램이나 글을 관심있게 본다.				
	23. 나는 식물을 잘 보살피며 내가 돌보는 식물은 잘 자라는 편이다.				
	24. 나는 환경보호를 위하여 일상생활에서 실천하고 있다. (예 : 분리수거, 일회용품 덜 쓰기)				

검사 결과 해석 및 관련 직업

☆를 많이 받을수록 그 영역의 적성이 높다는 것을 의미하고 ○를 많이 받을수록 보충할 필요가 있는 적성 영역을 의미합니다.

각 적성 영역의 핵심 요소를 알아보고 내가 잘하는 적성 영역과 비교적 부족한 적성 영역은 무엇인지 생각해 보세요.

적성 영역	핵심 요소	관련 직업
언어 능력	말과 글로써 자신의 생각과 감정을 표현하며 다른 사람의 말과 글을 잘 이해할 수 있는 능력	법률가, 웅변가, 작가, 시인
수리·논리력	논리적으로 사고하여 문제를 해결하는 능력	수학자, 논리학자, 과학자
음악 능력	노래를 부르고 악기를 연주하며 음악을 감상할 수 있는 능력	작곡가, 연주가, 성악가
신체·운동 능력	기초 체력을 바탕으로 효율적으로 몸을 움직이고 동작을 학습할 수 있는 능력	무용가, 배우, 운동선수, 기능공, 외과 의사, 연구자, 과학자, 기술자
공간 지각 능력	머릿속으로 그림을 그리며 생각할 수 있는 능력	조각가, 외과 의사, 체스 선수, 그래픽디자이너, 건축가
대인 관계 능력	다른 사람들과 더불어 살아가는 능력	판매원, 교사, 임상가, 종교 및 정치 지도자
자기 성찰 능력	자신의 생각과 감정을 알며 자신을 돌아보고 감정을 조절할 수 있는 능력	간호사, 특수학교 교사, 레크리에이션 강사
자연 친화력	인간과 자연이 서로 연관되어 있음을 이해하며 자연에 대하여 관심을 가지고 탐구하고 보호할 수 있는 능력	환경학자, 조류학자

✏️ 닮고 싶은 인물이나 관심 있는 주제에 대한 강연을 듣고 감상문을 써 보세요.

강연 날짜	년 월 일 ~ 년 월 일
강연 주제	
강사 소개	
내용 요약	
느낀 점	
질문해 보기	

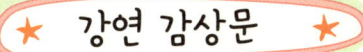
강연 감상문

🔥 다양한 캠프에 참여해 보세요.

캠프 주제	
날짜 • 시간	
캠프 참가 목적	
캠프에서 내가 한 일	
힘들었던 점	
좋았던 점	
느낀 점	

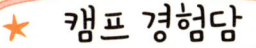

★ 캠프 경험담 ★

다양한 캠프에 참여해 보세요.

캠프 주제	
날짜·시간	
캠프 참가 목적	
캠프에서 내가 한 일	
힘들었던 점	
좋았던 점	
느낀 점	

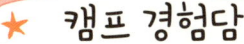

★ 캠프 경험담 ★

대회 정보

초등학생 평가 대회

대회명	주관	대상	사이트
전국 수학학력평가(NMC)	수학영재교육연구소, (주)디딤돌	초3~초6	www.nmc21.co.kr
한국사능력검정시험	국사편찬위원회	제한 없음	www.historyexam.go.kr
한국 수학학력평가	한국 학력평가연구원	초1~초6, 중학생	www.kerei.net
PELT Jr.	한국외국어평가원	제한 없음	www.pelt.or.kr

초등학생 대상 독서 감상문 대회

대회명	주관	대상	일시	기타
온라인 독서 감상문 대회	문화 관광부, 저작권 심의조정위원회	초4~중3	3.10~4.10	www.mct.go.kr 대통령상, 장관상
비룡소 어린이 독서 감상문 대회	비룡소	전국 초등학생, 지도 교사	4.1~5.1	www.bir.co.kr
어린이 독서 감상문 대회	사계절 출판사	초등~일반	12월~2월	www.sakyejul.co.kr
시공주니어 독서 감상문 대회	시공주니어	제한 없음	7월~8월	www.sigongjunior.com
영남일보 책읽기상 독서감상문 대회	영남일보	초등~일반	7월~9월	053) 757-5442~3
전국 초등학생 독서 감상문 쓰기 대회	(사)한국독서교육연구회	초등	3월	www.athenapub.co.kr

무료로 자신의 적성을 검사할 수 있는 사이트
커리어넷 www.career.go.kr

세상에는 어떤 직업들이 있을까?
세상에 있는 직업과 어떤 직업을 가지면 좋을지 알아볼 수 있는 사이트
한국직업정보시스템 know.work.go.kr
청소년 워크넷 youth.work.go.kr

초등학생 관련 글짓기 대회

대회명	주관	대상	일시	기타
청소년 문화예술대전	대한민국 청소년 박람회	만 9세~24세 청소년	1월~3월	www.youthexpo.net 시·수필·사진·그림 등
환경 보건 문예 공모전	환경부, 한맥문학가협회	초등~일반	2월~4월	www.chemistory.go.kr 수기·포스터·UCC 등
현대시문학 초등 문학상	현대시문학	초등~고등	4월	www.koreanpoetry.com 시·수필·소설 등
전국 영랑 백일장	(사) 영랑기념사업회	초등~일반	4월	www.gangjin.go.kr 시·산문 등
국제 지구사랑 작품 공모전	(사) 환경실천연합회	초등~일반	4월	www.ecolink.or.kr 문예·미술·사진 등
한밭 전국 백일장	한국문인협회 대전광역시지회	초등~일반	5월	www.litopia.or.kr 시·산문
전국 학생 세금 문예작품 공모전	국세청	초등~고등	6월	www.nts.go.kr 글짓기·포스터·만화 등

한자 급수 시험

전국 한자 능력 검정시험 (한국어문회)	한국 한자검정 (한국평생교육평가원)
연간 4회 실시하며 총 11개 등급이 있다. 인터넷 접수/방문 접수. www.hangum.re.kr	연간 4회 실시하며 총 11개 등급이 있다. 인터넷 접수. www.kpe.or.kr
국가공인 한자 자격시험 (한자교육진흥회)	**한자 급수 자격검정 (대한검정회)**
연간 4회 실시하며 총 12개 등급이 있다. 한자교육진흥회가 주관하는 국가공인 한자 자격증을 취득하면 국가자격 취득자와 동등한 대우 및 혜택을 받을 수 있다. 인터넷 접수/방문 접수. kaphe.hanja114.org	연간 4회 실시하며 총 12개 등급이 있다. 공인급수에 합격하면 국가 자격 취득자와 동등한 대우 및 혜택을 받을 수 있다. 온라인 접수/방문 접수. www.hanja.ne.kr
한자 능력 자격시험 (한국한자한문능력개발원)	**실용한자 자격시험 (한자외국어평가원)**
연간 3회 실시하며 총 9개 등급이 있다. 방문 접수/인터넷 접수. www.hanja4u.org	연간 6회 실시하며 총 12개 등급이 있다. 방문 접수/인터넷 접수. www.pelt.or.kr

나의 자격증 계획표

자격증 이름	
시험 일시	
자격증 획득 후 달라지는 점	
시험까지 해야 할 일	
시험 준비	

▎자격증의 종류를 알아보고 도전해 보세요.

자격증 이름	
시험 일시	
자격증 획득 후 달라지는 점	
시험까지 해야 할 일	
시험 준비	

나의 경시대회 계획표

대회 이름	
대회 일시	
대회 후 달라지는 점	
대회까지 해야 할 일	
대회 준비	

목표로 하는 대회가 있나요? 미리미리 계획을 세워 보세요.

대회 이름	
대회 일시	
대회 후 달라지는 점	
대회까지 해야 할 일	
대회 준비	

목표를 향한 노력

••• 포트폴리오 만드는 법

나만의 포트폴리오를 만들자

근사한 포트폴리오 표지를 꾸며 보세요.

체험학습 계획서

체험학습 일시	년 월 일 ~ 년 월 일
체험학습 장소	
체험학습 주제	
체험학습 활동 계획	
활동할 내용	
준비물	
알아보고 싶은 점	
조사 방법	
궁금한 점	
미리 조사한 내용	
꼭 해결해야 할 내용	

체험활동 보고서

체험활동 내용

느낀 점

📗 체험학습 계획서

체험학습 일시	년 월 일 ~ 년 월 일
체험학습 장소	
체험학습 주제	
체험학습 활동 계획	
활동할 내용	
준비물	
알아보고 싶은 점	
조사 방법	
궁금한 점	
미리 조사한 내용	
꼭 해결해야 할 내용	

체험활동 보고서

체험활동 내용

느낀 점

📗 체험학습 계획서

체험학습 일시	년 월 일 ~ 년 월 일
체험학습 장소	
체험학습 주제	
체험학습 활동 계획	
활동할 내용	
준비물	
알아보고 싶은 점	
조사 방법	
궁금한 점	
미리 조사한 내용	
꼭 해결해야 할 내용	

👁 체험활동 보고서

체험활동 내용

느낀 점

사진으로 꾸미는 포트폴리오

사진 붙이는 곳

사진 붙이는 곳

사진붙이는곳

사진붙이는곳

타인을 배려하는 법을 배워라

••• 봉사 활동 잘하는 법

어떤 봉사 활동이 있을까?

불우이웃 돕기 : 이웃에 사는 독거노인 돕기, 장애인 돕기, 불우이웃 성금 모금 등

복지시설 일손 돕기 : 아동 및 청소년 복지시설·장애인 복지시설·노인 복지시설 등에서 시설물 관리, 학습교재 제작, 배식, 설거지, 세탁, 청소, 잡초 제거 등

학교 내 일손 돕기 : 교과 활동이나 특별 활동과 무관한 학교 행사 때 운동장 정리, 학교 행사 안내, 환경 미화, 나무 심기 등

공공기관 일손 돕기 : 우체국·동사무소·도서관 등 공공기관을 찾아 방문객 안내하기, 우표 부치기, 우편물 분류 돕기, 청소하기, 간단한 업무 돕기, 도서 정리, 자료 정리 등

고아원 위문 : 고아원생들과 친선 게임, 자매결연, 위문품 전달 등

양로원 위문 : 양로원을 방문해서 할아버지와 할머니들을 위해 노래·춤·연주·연극 등을 통해 위로하고 위문품 전달, 안마해 드리기, 말벗 되어 드리기 등

장애인 위문 : 장애인 학교나 재활원 등을 방문해서 장애인들을 위로하며 함께 놀기, 시각 장애인에게 책 읽어 주기, 편지 대필하기, 위문품 전달 등

깨끗한 환경 만들기 : 주변 환경이나 시설들을 깨끗이 하는 폐휴지 줍기, 잡초 제거, 청소하기, 껌 떼기, 쓰레기 분리수거 등

자연보호 활동 : 주변 자연을 보호하고 오염을 방지하기 위해 강·바다·산 주위에서 오염 방지 활동, 오염 물질 수거 활동, 환경 오염원 신고 등

문화재 보호 활동 : 지역 사회 안에 있는 문화 유산을 보호하고 깨끗이 유지하는 활동, 문화 유적지 주변 청소하기 등

재해구호 활동 : 수재나 화재 등을 당한 사람들을 구제하기 위한 노동 봉사, 재해구호 모금 활동, 기부금 납부 등

국제협력 및 난민구호 활동 : 외국인 안내하기, 외국 학생 초대하기, 전쟁고아 돕기, 아프리카 난민구호 활동, 난민구호 성금 모금 활동 등

세상을 따뜻하게 하는 나의 뉴스

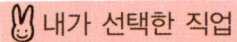 내가 선택한 직업

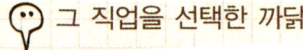 그 직업을 선택한 까닭

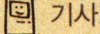 기사

세상을 따뜻하게 하는 나의 뉴스

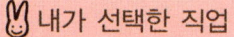 내가 선택한 직업

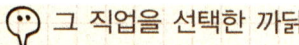 그 직업을 선택한 까닭

 기사

📖 봉사 활동 기록

봉사 활동 일시	년 월 일 ~ 년 월 일
봉사 활동 장소	
봉사 활동 주제	
봉사 활동 계획	
활동 내용	
느낀 점	

봉사 활동을 했다면 기록으로 남겨 보세요.
그 추억이 오래도록 기억될 거예요.

봉사 활동 일시	년 월 일 ~ 년 월 일
봉사 활동 장소	
봉사 활동 주제	
봉사 활동 계획	
활동 내용	
느낀 점	

봉사 활동 기록

봉사 활동 일시	년 월 일 ~ 년 월 일
봉사 활동 장소	
봉사 활동 주제	
봉사 활동 계획	
활동 내용	
느낀 점	

봉사 활동 일시	년 월 일 ~ 년 월 일
봉사 활동 장소	
봉사 활동 주제	
봉사 활동 계획	
활동 내용	
느낀 점	

나를 어떻게 알릴까

••• 글쓰기 능력을 키우는 법

자기소개서 쓰기

이름 :

내 소개 주제 :

나를 알려 보세요 :

'나는 어떤 사람일까?'
자기소개서를 써 보면서 나를 알려 보세요.

이름 :

내 소개 주제 :

나를 알려 보세요 :

독서 카드

읽은 날	
책 이름 / 글쓴이	
줄거리	
읽은 후 느낌	
새롭게 알게 된 사실	
새롭게 알게 된 단어 사전 찾아보기	
가슴에 와 닿았거나 좋았던 문장	

책을 읽고 난 뒤에 독서 카드를 기록하면,
기억을 오래 저장할 수 있고 내용도 쉽게 이해할 수 있어요.

읽은 날	
책 이름 / 글쓴이	
줄거리	
읽은 후 느낌	
새롭게 알게 된 사실	
새롭게 알게 된 단어 사전 찾아보기	
가슴에 와 닿았거나 좋았던 문장	

독서 카드

읽은 날	
책 이름 / 글쓴이	
줄거리	
읽은 후 느낌	
새롭게 알게 된 사실	
새롭게 알게 된 단어 사전 찾아보기	
가슴에 와 닿았거나 좋았던 문장	

읽은 날	
책 이름 / 글쓴이	
줄거리	
읽은 후 느낌	
새롭게 알게 된 사실	
새롭게 알게 된 단어 사전 찾아보기	
가슴에 와 닿았거나 좋았던 문장	

독서 카드

읽은 날	
책 이름 / 글쓴이	
줄거리	
읽은 후 느낌	
새롭게 알게 된 사실	
새롭게 알게 된 단어 사전 찾아보기	
가슴에 와 닿았거나 좋았던 문장	

읽은 날	
책 이름 / 글쓴이	
줄거리	
읽은 후 느낌	
새롭게 알게 된 사실	
새롭게 알게 된 단어 사전 찾아보기	
가슴에 와 닿았거나 좋았던 문장	

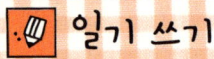 일기 쓰기

매일매일 일기를 쓰면,
생각하는 힘이 쑥쑥 자랄 거예요.

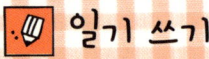 일기 쓰기

토론회 기록

토론 일시	년 월 일 ~ 년 월 일
토론 주제	
나의 주장	
상대의 주장	
나의 주장과 다른 점	
나의 주장을 뒷받침할 내용	

토론은 각자 의견을 말하며 논의하는 거예요.
서로의 의견을 기록하면서 알찬 토론을 해 보세요.

토론 일시	년 월 일 ~ 년 월 일
토론 주제	
나의 주장	
상대의 주장	
나의 주장과 다른 점	
나의 주장을 뒷받침할 내용	

리더가 되는 법

••• 리더십을 배우는 법